Norbert v. Handel

HABSBURG IN ITALIEN

Norbert v. Handel

Habsburg in Italien

Ein historischer Spaziergang von Karl V. bis zur italienischen Kriegserklärung 1915

ARES VERLAG

Umschlagfoto Vorderseite: Triest, Piazza Grande, links im Bild der Palazzo del Governo, der Sitz des habsburgischen Statthalters, heute Sitz der Präfektur an der neubenannten Piazza dell'Unità d'Italia (2011) (Günther Schneeweiß-Arnoldstein)

Umschlagfotos Rückseite: Bild oben: Blick vom Schloss Duino nahe Triest in Richtung Monfalcone (2016) (GSvA); unten von lks. nach rechts: Görz: Die Porta Leopoldina – das Zugangstor zur Oberstadt – 1660 für den Besuch von Kaiser Leopold I. mit Doppeladler sowie dem Wappen der habsburgischen Grafschaft Görz und des Hauptmanns Ernst Graf Herberstein gestaltet. (2010) (Günther Schneeweiß-Arnoldstein – GSvA); Kaiserin Maria Theresia (1717–1780) (Martin von Meytens, Öl, 2. Hälfte 18. Jh.) (GSvA); Maria Magdalena von Österreich (1589–1631), durch ihre Heirat mit Herzog Cosimo II. (Mitte) von Florenz Großherzogin der Toskana. Rechts: Ferdinandino II. (Schüler von Justus Sustermans, vermutlich Carlo Bossi, Öl, 1640) (alle Archiv des Verfassers oder Verlages); Parade österreichischer Truppen vor Feldmarschall Radetzky bei Medole vor Mailand (Angelo Inganni, Öl, 1833) (GSvA)

Abb. Innenteil: Karten S. 18, 22, 27: Edition Hölzel, Wien; Archiv Albert Pethö: S. 7 (3); Archiv Ecotext-Verlag, Wien: S. 10, 121, 124 oben lks., 167; Gabinetto Fotografico della Ex Soprintendenza Speciale per il Patrimonio S.S.A.E. e per il Polo Museale della Città di Firenze: S. 45, 48, 49; Andreas Praefcke: 128; Günther Schneeweiß-Arnoldstein: S. 11, 37, 38, 66 (2), 87, 106, 113 re., 120 re, 154 lks. unten; alle anderen Abb., sofern nicht anders ausgewiesen: Archiv des Verfassers und des Verlages

Wir haben uns bemüht, bei den hier verwendeten Bildern die Rechteinhaber ausfindig zu machen. Falls es dessen ungeachtet Bildrechte geben sollte, die wir nicht recherchieren konnten, bitten wir um Nachricht an den Verlag. Berechtigte Ansprüche werden im Rahmen der üblichen Vereinbarungen abgegolten.

Bibliographische Information der Deutschen Nationalbibliothek

Die Deutsche Nationalbibliothek verzeichnet diese Publikation in der Deutschen Nationalbibliographie; detaillierte bibliographische Daten sind im Internet unter http://dnb.d-nb.de abrufbar.

Hinweis: Dieses Buch wurde auf chlorfrei gebleichtem Papier gedruckt. Die zum Schutz vor Verschmutzung verwendete Einschweißfolie ist aus Polyethylen chlor- und schwefelfrei hergestellt. Diese umweltfreundliche Folie verhält sich grundwasserneutral, ist voll recyclingfähig und verbrennt in Müllverbrennungsanlagen völlig ungiftig.

Auf Wunsch senden wir Ihnen gerne kostenlos unser Verlagsverzeichnis zu:

ARES Verlag
Hofgasse 5 / Postfach 189
A-8011 Graz
Tel.: +43 (0)316/82 16 36
Fax.: +43 (0)316/83 56 12
E-Mail: ares-verlag@ares-verlag.com
Weitere Informationen finden Sie im Internet unter:
www.ares-verlag.com

ISBN 978-3-902732-64-4

Layout: Ecotext-Verlag, Mag. Schneeweiß-Arnoldstein, A-1010 Wien
Druck: FINIDR, s. r. o., Český Těšín

Inhalt

Vorwort von Gerhard Tötschinger 7

Einleitung: Das italienische Erbe des Hauses Habsburg 9

Du, glückliches Österreich, heirate 13

Italien und der Wiener Kongress 23

Die Reise des letzten römisch-deutschen Kaisers 31

Die Toskana – ein Überblick 39
Habsburg und Medici: Kaiser und Kaufherren in Florenz 41
Margarete und Alessandro 43
Johanna und Francesco 46
Maria Magdalena und Cosimo 48
Claudia und Leopold 50
Ferdinand Karl und Anna 54
Toskana, der modernste Staat Italiens 54
Das Reformwerk Pietro Leopoldos 55
Die toskanischen Großherzöge Ferdinand III. und Leopold II. 56

Mailand und das Lombardo-Venezianische Königreich – ein Überblick 65
Erzherzöge, Könige und Kaiser in der Lombardei 67

Mantua – eine Insel von hohem strategischem Wert 75

Die letzte Hochzeit: Venedig zwischen 1797 und 1866 83

Emilia-Romagna – ein Überblick 93

Parma – ein Herzstück Italiens 97
Isabella, das Geschenk Parmas an Wien 108
Maria Amalia und der Mönch 113

Schon wieder Frankreich! Marie Louise – Kaiserin und Herzogin 119

Este, Habsburg und die Borgia 125
Ferdinand Karl von Österreich-Este 129

Die Ära des Biedermeier und die politische Entwicklung in Italien 133

Franz IV. von Modena 135

Franz V. von Modena: Der Erbe des Hauses Stuart 137

Das Königreich beider Sizilien (Neapel und Sizilien) – ein Überblick . 139
Maria Karolina von Neapel-Sizilien: Königin und Kämpferin .. 143

Österreichisches Küstenland 153

Triest – das Tor zur Welt 157

Südtirol, Brixen und Trient – geliebt und umkämpft 163
Andreas Hofer 166

23. Mai 1915: Italiens folgenreiche Kriegserklärung an Österreich 169

Anhang 174
Literatur (Auswahl) 174
Namenregister 176

Vorwort von Gerhard Tötschinger

Habsburgs Erbe in Italien ist von eminenter Bedeutung. Die Verwaltung im Lombardo-Venezianischen Königreich, die Theaterkultur in Mailand, Venedig, Mantua, die Rückkehr der großen Kunstwerke nach dem napoleonischen Raubzug, die Trockenlegung der Maremma-Sümpfe und vieles mehr waren Folgen der jahrhundertelangen Präsenz Habsburgs auf der italienischen Halbinsel.

Norbert v. Handels Buch ist ein umfangreiches Kompendium dieses Themas. Das hier gebündelt und übersichtlich versammelte reiche Wissen wird manchem Leser zum Staunen veranlassen, denn nur die Fachwelt der Historiker weiß Bescheid über all diese Ereignisse, Persönlichkeiten und Leistungen.

Europa zu begreifen ist mit den heutigen Medien trotz aller Informationsvielfalt schwer möglich. Zeitungen, Fernsehsendungen und das Internet-Lexikon Wikipedia sind auf ihre Nationen und Regionen beschränkt. Ein junger Krakauer im Jahr 2015 hat ein anderes Europabild als ein Sizilianer desselben Jahrgangs. Dazu kommt, dass die Mobilität innerhalb der EU Arbeits- und Bildungsmöglichkeiten bietet, die es bis etwa 1990, also bis zum Fall des Eisernen Vorhangs, nicht gegeben hat. Auch die große Zahl von Menschen aus dem Nahen Osten wird nachhaltige Wirkungen haben. So wird es mehr und mehr von Bedeutung, den Menschen aller Altersgruppen zu zeigen, woher sie kommen und was ihre Wurzeln sind.

Knapp einhundert Jahre nach dem Tod von Kaiser Franz Joseph I. kann man schon nicht mehr als bekannt voraussetzen, wie viele Nationen es waren, die er mit „Meine Völker“ ansprechen konnte. Ist einem jungen

Großherzogtum Toskana

Triest

Königreich beider Sizilien

Menschen aus Bergamo klar, dass er oder sie Landsleute in Czernowitz hatte? Das aber soll man verinnerlichen, im Sinne von Toleranz und Völkerverständnis.

Österreich war bis zum Ausbruch des Nationalismus eine erfolgreiche Generalprobe für ein Vereintes Europa. Das Haus Habsburg war Europa. Ja mehr: Weltweit finden sich seine Spuren, in den Namen der Philippinen und der Marianen im Fernen Osten, im Franz-Josefs-Land am Polarkreis und am Rudolfsee (heute offiziell Turkana-See) in Kenia. Die lange Regierungstätigkeit Habsburgs in Italien ist ein wesentlicher Bestandteil mitteleuropäischer Geschichte.

Das vorliegende Buch ist ein auch für Nichthistoriker leicht lesbarer Spaziergang durch die Geschichte von Karl V. bis zur italienischen Kriegserklärung 1915. Wie schon das Werk „Doppelmord – Sommer 1914: von Sarajevo bis zur Kriegserklärung“ eine leicht zu lesende, historisch präzise Darstellung der 33 Tage nach dem Mord in Sarajevo war, bringt der Autor mit seinem neuen Werk „Habsburg in Italien“ nun ein ebenso kurzweilig zu lesendes Buch, das exakt auf den historischen Fakten aufbaut und das Wirken Habsburgs und Österreichs in Italien wiedergibt.

P. S.: Professor Gerhard Tötschinger, der das Vorwort schrieb, ist plötzlich und unerwartet noch vor Drucklegung dieses Buches verstorben. Mit ihm verliert der deutsche Sprachraum einen bedeutenden Autor, Intendanten und Schauspieler, der sich vor allem mit der österreichischen, habsburgischen und mediterranen Geschichte beschäftigte. Ungeachtet seiner Prominenz war er ein besonders liebenswürdiger, bescheidener Mensch und ein guter und verlässlicher Freund seiner Freunde, zu denen ich mich zählen durfte.

Menschen wie er – mit so umfassender Bildung und klaren christlichen Werten – sind leider selten geworden.

Norbert v. Handel, im August 2016

Einleitung

Das italienische Erbe des Hauses Habsburg

Vielen ist heute nicht mehr bewusst, dass Habsburg und Österreich bis 1859 in Italien wesentlich stärker als etwa im Deutschen Bund nach dem Wiener Kongress präsent waren. 100 Jahre nach der Kriegserklärung Italiens an Österreich soll deshalb kurz und kompakt darüber Auskunft gegeben werden, wie und wodurch diese Vormachtstellung entstand.

Die hier dargestellten historischen Ereignisse wurden präzise, aber keineswegs umfassend zusammengefasst.

Es wird kein Anspruch auf Vollständigkeit, wohl aber auf historische Richtigkeit erhoben.

Über einige der handelnden Personen gibt es ausführliche Werke, über viele aber auch gar keine. Es wäre gut, diese Lücken Zug um Zug zu schließen, was aber nicht Aufgabe dieses Büchleins sein kann.

Geschichtsschreibung ist nie wertfrei, so auch diese nicht. Wertfrei sind nur Ereignisse, die stattgefunden haben, wie Kriege, Naturkatastrophen oder auch Hochzeiten.

Ich bin der Meinung, dass – in Kenntnis der politischen, vielfach katastrophalen Ereignisse seit 1919 bis in unser Jahrhundert hinein – das Wirken der Habsburger von besonderer Qualität war, die auch heute noch zu wenig erkannt wird. Habsburgische Regenten waren in einigen Fällen genial, beinahe immer redlich und fast nie gegen die Interessen der Bevölkerung der Länder gerichtet, die sie regierten. Wäre dies nicht so gewesen, wäre die nach wie vor große Popularität der Dynastie, die selbst heute noch spürbar ist, nicht zu erklären.

Natürlich wurden auch Fehler gemacht und falsche Entscheidungen getroffen. Dies aber doch immer aus dem Bemühen heraus, gewissen Idealen zu folgen, etwa der Einheit von Religion, Kaiser und Reich oder der grundsätzlich als Verpflichtung jedes Kaisers angesehenen Mehrung des Reiches bzw. einer starken und konsequenten Verteidigung der Länder, die zu Habsburg gehörten.

Man musste nicht regieren, um zu Geld zu kommen, wie dies heute vielfach der Fall ist. Man war vermögend, wenn auch vielfach nicht in ausreichendem Maße, und hatte es nicht not, diffamierende Wahlkämpfe zu führen. Aufgabe war es, nach den Prinzipien der Christlichkeit, der Gerechtigkeit, der Subsidiarität, vor allem aber des Ausgleichs zwischen verschiedenen Interessengruppen, sozialer oder nationaler Natur, zu regieren.

Zuletzt aber zeichnet die Habsburger aus, dass sie fast nie persönliche Interessen denen der Dynastie und des Landes voranstellten. „Feudalisti-

Florenz, Fest anläßlich der Einrichtung der „Guardia civile", 12. September 1847 (Nicola Sanesi, Lithographie [?], coloriert)

sche" Auswüchse wie etwa in Frankreich, die zur Französischen Revolution führten, aber auch im „Militärstaat" Preußen, waren mit Blick auf Habsburg nicht denkbar.

Selbst die bürgerliche Revolution 1848/1849 richtete sich nicht gegen den Kaiser, der bestimmt nicht zu den stärksten Monarchen zählte, aber als gütig und gerecht empfunden wurde, sondern gegen das „Metternichsche System".

Sieht man zuletzt die großen infrastrukturellen Leistungen, die Habsburg beispielsweise in Italien und am Balkan vollbrachte, die Errichtung von Bahnen, Straßen, Häfen, Schulen, Verwaltungsgebäuden, Spitälern, die alle die habsburgische Handschrift tragen, so versteht man auch die große entwicklungspolitische Funktion, die das Haus kennzeichnete und die noch heute von der einheimischen Bevölkerung positiv bewertet wird.

Blick vom Schloss Duino nahe Triest in Richtung Monfalcone, 2016

Das Gleiche gilt etwa in jenen Ländern, in denen das habsburgische Rechtssystem galt. Vor allem auch in Oberitalien, wo man teilweise mit Wehmut zurückdenkt, wie gerecht, wenn auch langsam und behäbig, die Verwaltung im Vergleich zu späteren Systemen war.

Dass der Nationalismus dennoch vielfach auch heute noch wichtiger als die supranationale Gerechtigkeit ist, ist unbestritten, wenn auch nicht erfreulich. Dass sich beispielsweise in der EU nicht annähernd ein Gefühl für die Verschiedenheit der ihr angegliederten Länder entwickeln konnte und dieses Manko auch nicht durch einen immer umfänglicher werdenden Beamtenapparat ausgeglichen wird, ist für jeden, der das System des multinationalen Österreich-Ungarns mit der Europäischen Union vergleicht, evident.

Nach wie vor ist die politische Kraft einiger Mitglieder des kaiserlichen Hauses nicht zu unterschätzen, und die Zeit wird weisen, ob, wie und in welcher Form sie wieder politisch tragend werden kann.

An dieser Stelle noch ein Hinweis zur Vorgehensweise: Zitate flossen dann in den Text ein, wenn es sich um Gedanken, Bemerkungen oder Eindrücke handelt, die über das allgemein bekannte oder nachlesbare historische Geschehen hinausgehen. Verschiedene Wiederholungen schienen mir für den weniger geschichtskundigen Leser da oder dort notwendig. Fehler, die leider nie ausgeschlossen sind, möge mir der gütige Leser verzeihen.

Das Buch nimmt nicht für sich in Anspruch, vollständig zu sein oder gar große geschichtliche Werke zu ersetzen. Es soll einfach kurz, klar, prägnant und historisch valide zeigen, wie es dazu kam, dass der habsburgische Einfluss in Italien so prägend werden konnte.

Norbert v. Handel
Almegg, im Juni 2016

Kriegserklärung des türkischen Sultans Mehmed IV. (1683)

Von Gnaden des im Himmel waltenden Gottes verpfänden Wir, Mehmed, glorreicher und ganz gewaltiger Kayser von Babylonien und Judäa, vom Orient und Okzident, König aller irdischen und himmlischen Könige, Großkönig des heiligen Arabien und Mauretanien, geborener und ruhmgekrönter König Jerusalems, Gebieter und Herr des Grabes des gekreuzigten Gottes der Ungläubigen, Dir, Cäsar Roms, und Dir König von Polen, Unser heiliges Wort, ebenso allen Deinen Anhängern, daß Wir im Begriffe sind, Dein Ländchen mit Krieg zu überziehen und führen Wir mit Uns 13 Könige mit 1,300.000 Kriegern, Fußvolk und Reiterei, und werden Dein Ländchen mit diesem Heer, von dem weder Du noch Deine Anhänger eine Ahnung hatten, ohne Gnade und Barmherzigkeit mit Hufeisen zertreten und dem Feuer und Schwert überliefern. Vor allem befehlen Wir Dir, Uns in Deiner Residenzstadt Wien zu erwarten, damit Wir Dich köpfen können. Auch Du kleines Königlein von Polen, tu dasselbe. Wir werden Dich und alle Deine Anhänger von der Erde verschwinden lassen. Wir werden groß und klein zuerst den grausamsten Qualen aussetzen und dann dem schändlichsten Tod übergeben. Dein kleines Reich will ich Dir nehmen und dessen gesamte Bevölkerung von der Erde fegen. Dich und den König von Polen werden Wir solange leben lassen, bis Ihr Euch überzeugt habt, daß Wir alles Angekündigte erfüllt. Dies zur Darnachachtung.

Gegeben in Unserem 40. Lebensjahr und im 26. Jahre Unserer allmächtigen Regierung.

Kriegserklärung des türkischen Sultans Mehmed IV. (1683)

Du, glückliches Österreich, heirate

Bella gerant alii,
tu felix Austria nube.
Nam quae Mars aliis,
dat tibi diva Venus.

Kriege führen mögen andere,
Du, glückliches Österreich, heirate.
Denn was Mars den anderen,
gibt Dir die göttliche Venus.

Kriege wurden in Europa seit dem Zerfall des Weströmischen Reiches bis zum Ende der Zeit der Napoleonischen Herrschaft etliche geführt. Von den Auseinandersetzungen im frühen Mittelalter, für die die Namen Karl Martell, Pippin der Kurze und Karl der Große stehen mögen, bis zu den Reichskriegen der Sachsenherrscher, dem Hundertjährigen Krieg im 14. und 15. Jahrhundert zwischen Frankreich und England, den großen Religionskriegen, den Hugenottenkriegen in Frankreich bzw. dem Dreißigjährigen Krieg im Deutschen Reich, bis zum weltumspannenden Spanischen Erbfolgekrieg und den Angriffskriegen Friedrichs II. gegen Maria Theresia. Es gab kaum eine Zeit langandauernden Friedens.

Im 16. und 17. Jahrhundert dominierten die Schrecken der Türkengefahr, die ihre Höhepunkte in den Belagerungen von Wien in den Jahren 1529 und 1683 fanden. Dann kam Napoleon, zerstörte das Heilige Römische Reich Deutscher Nation und veränderte Europa gründlich, nicht zuletzt mit Reformen, die wesentliche Rechtsgrundlagen für die heutige bürgerliche Gesellschaft begründeten.

Erst der Wiener Kongress schuf 1814/1815 die wirkliche Grundlage eines zumindest relativ friedlichen Zusammenlebens der europäischen Völker. Fast alle großen Dynastien versuchten nicht nur durch Kriege, sondern auch durch Hochzeiten Länder zu erwerben. Niemand allerdings war darin so erfolgreich wie die Habsburger.

Aus der Vogelperspektive über die Zeitläufte hinweg gesehen, kann man im letzten halben Jahrtausend drei große und zahlreiche kleine „Heiratswellen“ beobachten.

Der bedächtige und vielfach unterschätzte Kaiser Friedrich III. leitete mit der Hochzeit seines Sohnes Maximilian I. mit der Erbherzogin Maria von Burgund, der Tochter Karls des Kühnen, im Jahre 1477 den ersten großen Hochzeitsreigen ein.

Burgund reichte – wenn auch in verschiedener rechtlicher Konstruktion und abgesehen von der eigentlichen Freigrafschaft Burgund – weit nach Frankreich und in die Niederlande hinein. Die Erwerbung dieses, auch in der Zukunft heiß umstrittenen Teiles Europas war der erste Schritt der Habsburger zur europäischen Großmacht.

Die Nachkommen Maximilians, Philipp I. (der Schöne) und Margaretes von Österreich, verbanden sich mit Johanna (der Wahnsinnigen) und ihrem Bruder Johann, den Erben der Königreiche Kastilien und Aragon.

Karl V., Sohn Philipps des Schönen, wurde in der Folge nicht nur König von Spanien und deutscher Kaiser, sondern zugleich auch Herr über die gesamte Neue Welt, die kurz vorher von Kolumbus entdeckt worden war.

Innerhalb eines halben Jahrhunderts waren die Habsburger Herren eines Weltreiches und die führende Macht in Europa geworden. Eine jüngere Schwester Karls V., Katharina, heiratete Johann III. von Portugal; ihre Tochter, Maria Manuela, wurde die erste Ehefrau Philipps II., des Sohnes Karls V. Nachdem der letzte König Portugals, Heinrich I., ohne Nachkommen verstorben war, trat Philipp II. die Regentschaft als König von Portugal an, womit nicht nur Portugal, sondern auch dessen Kolonialreich zu Habsburg gekommen war.

In diesem Gesamtumfeld begannen die Bemühungen des Hauses, in Italien Fuß zu fassen: Karl V. hatte das Reich geteilt, die spanische Linie des Hauses wurde von seinem Sohn Philipp II. weitergeführt, die deutsche Linie von seinem Bruder, dem späteren Kaiser Ferdinand I.

In Italien regierten die spanischen Habsburger Neapel und Sizilien und durch Karl V. auch Mailand, das der Kaiser aus der französischen Einflusssphäre lösen und unter spanisch-habsburgische Herrschaft bringen konnte.

Der römisch-deutsche Kaiser Ferdinand I., Bruder Karls V., begann nun seine deutschen Besitzungen und die Erbländer Böhmen und Ungarn, die er über seine Frau Anna nach der Schlacht bei Mohács 1526 erworben hatte, in einer zweiten Heiratswelle nach Süden zu erweitern.

Seine Bemühungen stärkten zwar den Einfluss des Hauses in Italien, brachten aber noch keine neuen italienischen Fürstentümer in habsburgischen Besitz. Vorerst wurden Verbindungen mit den großen Renaissancefamilien der Medici in der Toskana, der Gonzagas in Mantua und der Estes in Ferrara und Modena geknüpft.

Karl V. (1500–1558), römisch-deutscher Kaiser, im Alter von 16 Jahren (Bernard van Orley, Öl, 1516)

Wie wir in der Folge sehen werden, heirateten von den 13 Kindern Ferdinands I. und Annas von Böhmen und Ungarn fünf in italienische Fürstenhäuser ein. Danach trat eine gewisse Pause ein.

Auf Ferdinand I. folgte Kaiser Maximilian II., der zur Bestürzung, vor allem der spanischen Linie des Hauses und des Papstes, protestantische Neigungen zeigte, die ihn wiederum bei den evangelischen Fürsten Deutschlands beliebt machten. Er verheiratete seine Nachkommen vor allem mit der spanischen Verwandtschaft, um für eine allfällige Erbfolge in Spanien bereitzustehen. Nach der Krise um Don Carlos, dem ersten Sohn Philipps II. von Spanien, war nämlich nicht klar, ob Philipp noch einen weiteren männlichen Erben bekommen würde.

Hochzeiten nach Italien standen nicht auf dem Programm Maximilians II., sieht man einmal davon ab, dass seine Tochter Elisabeth König Karl IX. von Frankreich heiratete. Die Mutter Karls IX. war Katharina Medici, sodass zumindest indirekt die Beziehung zu den Medicis gestärkt wurde.

Zehn Jahre nach dem Tode Don Carlos wurde 1578 Philipp III. geboren, der die spanische Linie der Habsburger fortsetzte. Die Söhne Maximilians II., die Kaiser Rudolf und Matthias, hatten beide keine Kinder; Rudolf war mit einer spanischen und Matthias mit einer österreichischen Verwandten verheiratet.

Italien hatte in der Politik Maximilians II. keine sichtbare Priorität. Erst Kaiser Ferdinand II., der nach dem kinderlosen Tod der Kaiser Rudolf und Matthias zur Regierung gekommen war, heiratete in zweiter Ehe 1616 Eleonore Gonzaga aus Mantua. Sein Sohn Ferdinand III. heiratete in dritter Ehe Eleonora, ebenfalls eine Gonzaga von Mantua-Nevers, und folgte damit den Bemühungen des Hauses, in Oberitalien Fuß zu fassen.

Auf Italien bezogen verdünnte sich aber die massive Heiratspolitik des 16. Jahrhunderts im darauffolgenden Jahrhundert merkbar. Die Gründe waren vielfältig:

Der Kindersegen im Hause Habsburg ging zurück und der Sohn Ferdinands III., Kaiser Leopold I., hatte, neben zahlreichen Problemen im Reich, vor allem die Türkengefahr als ständige Bedrohung vor Augen. Wie arrogant etwa im Jahr 1683 die Kriegserklärung des blutrünstigen türkischen Sultans Mehmed IV. ausfiel, kann dem Originaldokument auf Seite 12 entnommen werden.

Die Söhne Leopolds I., der begabte und erfolgreiche Kaiser Joseph I., der viel zu jung verstorben war, und Karl VI., der den Spanischen Erbfolgekrieg zu bestreiten hatte, mussten ihren Schwerpunkt einerseits auf

1. Heiratswelle

Ein Weltreich entsteht

1477–1521

Kaiser Maximilian erwirbt Burgund durch seine Heirat mit Maria von Burgund
Kaiser Karl V. erwirbt Spanien, Neapel-Sizilien und die Neue Welt über seinen Vater Philipp den Schönen, der Johanna, die Erbin Spaniens heiratete
Sein Sohn König Philipp II. erwirbt Portugal durch seine Heirat mit Maria von Portugal
Karls Bruder, Kaiser Ferdinand I., erwirbt Böhmen und Ungarn durch seine Heirat mit Anna von Böhmen und Ungarn

2. Heiratswelle

Die österreichischen Habsburger fassen in Italien Fuß

1549–1648

Von den Kindern Kaiser Ferdinands I. heiraten:
Katharina – Herzog Francesco III. Gonzaga
Eleonore – Herzog Guglielmo Gonzaga
Barbara – Herzog Alfons III. d'Este
Johanna – Großherzog Francesco I. de' Medici
Ferdinand II. von Österreich-Tirol – Anna Katharina Gonzaga

Der Enkel Kaiser Ferdinand I., Kaiser Ferdinand II. heiratet Eleonore Gonzaga
(Tochter des Herzogs Vinzenz I. von Mantua)
Der Urenkel, Kaiser Ferdinand III., heiratet Eleonore Gonzaga
(Tochter Carlos II., Herzog von Mantua)

3. Heiratswelle

Habsburg begründet seine Vormachtstellung in Italien

1760 1790

Von den Kindern Maria Theresias und Kaiser Franz I. Stefan von Lothringen heiraten:
Josef II. – Isabella von Parma
Maria Amalia – Herzog Ferdinand von Parma
Maria Karolina – Ferdinand I. von Bourbon-Sizilien
Ferdinand Karl – Maria Beatrice d'Este

Von den Kinder Kaiser Leopolds II. heiraten:
Kaiser Franz II. – Maria Theresia von Neapel-Sizilien
Großherzog Ferdinand III. – Maria Luise von Neapel-Sizilien
Maria Klementina – Franz I. König von Sizilien

Die Jahreszahlen beziehen sich auf die Zeiträume, in denen geheiratet wurde, nicht auf die Dauer der Herrschaft des Hauses Habsburg in Italien, die bis 1859 dauerte.

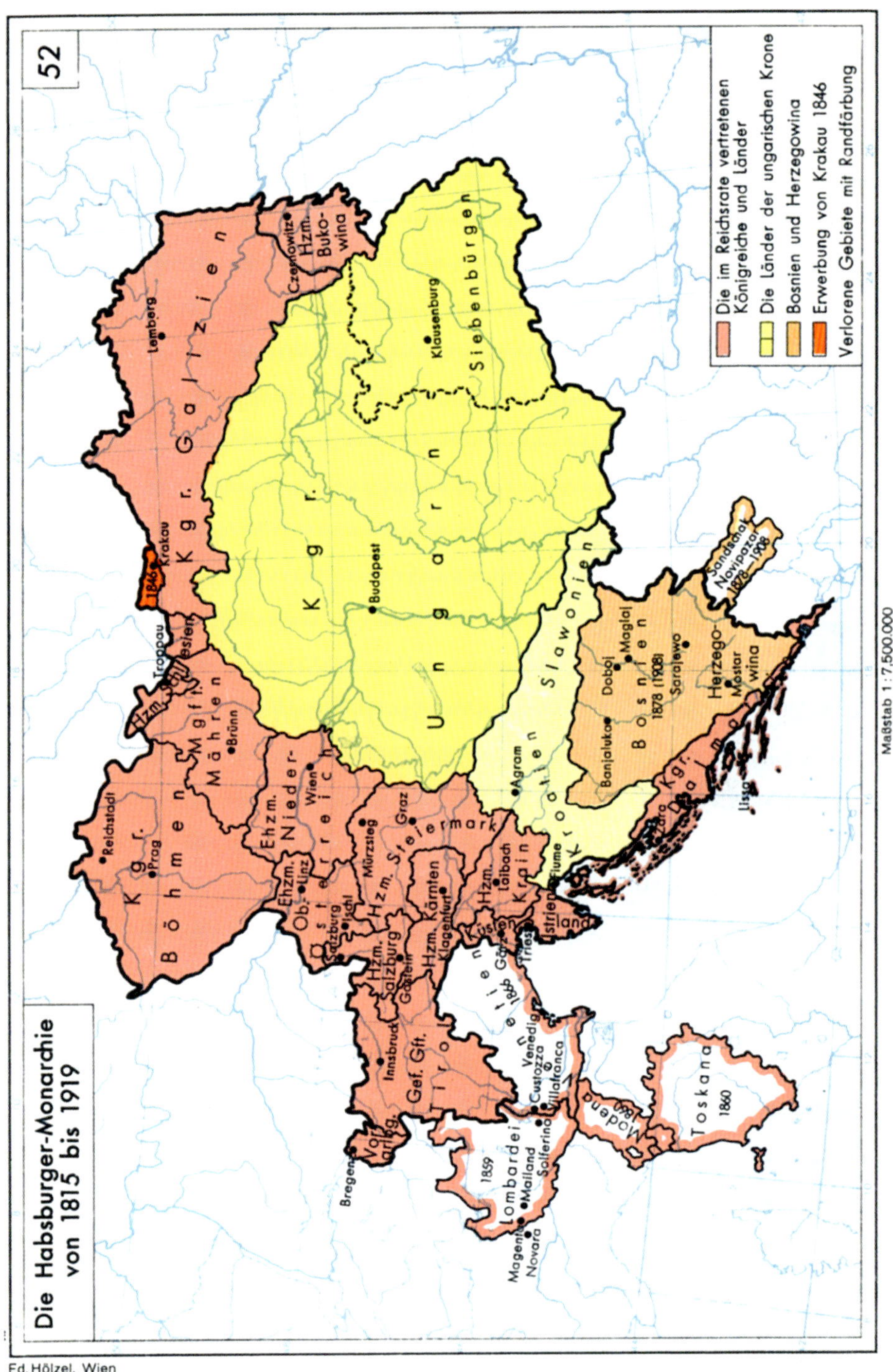

Das Habsburgerreich in der 2. Hälfte des 18. Jahrhunderts zur Zeit Maria Theresias (Ed. Hölzel, Wien)

Wenzel Anton Graf Kaunitz-Rietberg (1711–1794) war als Berater und Mitarbeiter der Reformen Maria Theresias und Josephs II. sowie als Gründer des österreichischen Staatsrats eine führende Stimme der Aufklärungspartei in der Habsburgermonarchie. (Unbekannter Künstler, Öl, 1750–1752)

Joseph II. (1741–1790), römisch-deutscher Kaiser, mit der Statue des Mars (Anton von Maron, Öl, 1775), gilt als Vertreter des „aufgeklärten Absolutismus".

die aggressive Politik des „Sonnenkönigs" Ludwig XIV. und natürlich auch auf die Türken im Südosten ausrichten. Immerhin gelang es Karl VI., nach Ende des für das Haus Habsburg – was Spanien betraf – unerfreulichen Ausgangs des Spanischen Erbfolgekriegs, Mailand aus der habsburgisch-spanischen Erbmasse zu erwerben.

Schon vorher hatte sein älterer Bruder Kaiser Joseph I. seine Reichsrechte in Italien geltend gemacht und Mantua 1708 den habsburgischen Besitzungen einverleibt.

Dann, in der Mitte des 18. Jahrhunderts, als es Maria Theresia mit ihrem Staatskanzler Fürst Kaunitz gelang, das *Renversement des alliances* (Umkehrung der Allianzen) mit dem Haus Bourbon zu ermöglichen und damit die Feindschaft zwischen Frankreich und Österreich zu beenden, setzte wieder eine aktive Italienpolitik ein.

Man kann hier von einer dritten Heiratswelle sprechen. Von den Kindern Maria Theresias heiratete der spätere Kaiser Joseph II. Isabella von Parma, seine Schwester Maria Amalia Herzog Ferdinand von Parma, Maria Karolina König Ferdinand I. von Bourbon-Neapel und Erzherzog Ferdinand Karl Maria Beatrice d'Este, die Erbin von Modena. Diese Hochzeiten begründeten einerseits, dass Modena zu Habsburg kam, und andererseits, dass der Einfluss Habsburgs in Parma und Neapel entscheidend wurde.

Napoleon änderte in seiner relativ kurzen Regierungszeit zwar die Verhältnisse in seinem Sinne grundlegend, jedoch stellte der Wiener Kongress die alte Ordnung weitestgehend wieder her.

Norditalien stand nun, mit Ausnahme des Königreichs Sardinien-Piemont, das vom Haus Savoyen regiert wurde, direkt oder indirekt unter habsburgischem Einfluss. Mittelitalien, also im Wesentlichen der Kirchenstaat, befand sich unter der Herrschaft der Päpste, die sich häufig des Schutzes der Habsburger bedienten. Und im Süden, im Königreich Neapel-Sizilien, regierten zwar die Bourbonen, dies jedoch eher schwach und ohne besonderen Erfolg, sodass Österreich auch im südlichsten Königreich des Apennins als Schutzmacht der Dynastie auftrat.

In diesem Gesamtumfeld sollen nun die meist erfolgreichen Bemühungen des Hauses Habsburg in Italien beleuchtet werden.

Kaiserin Maria Theresa gelang es zusammen mit ihren Staatskanzler Fürst Kaunitz, Mitte des 18. Jahrhunderts die Feindschaft zwischen Österreich und Frankreich zu beenden. (Martin van Meytens, Öl, 1. Hälfte 18. Jh.)

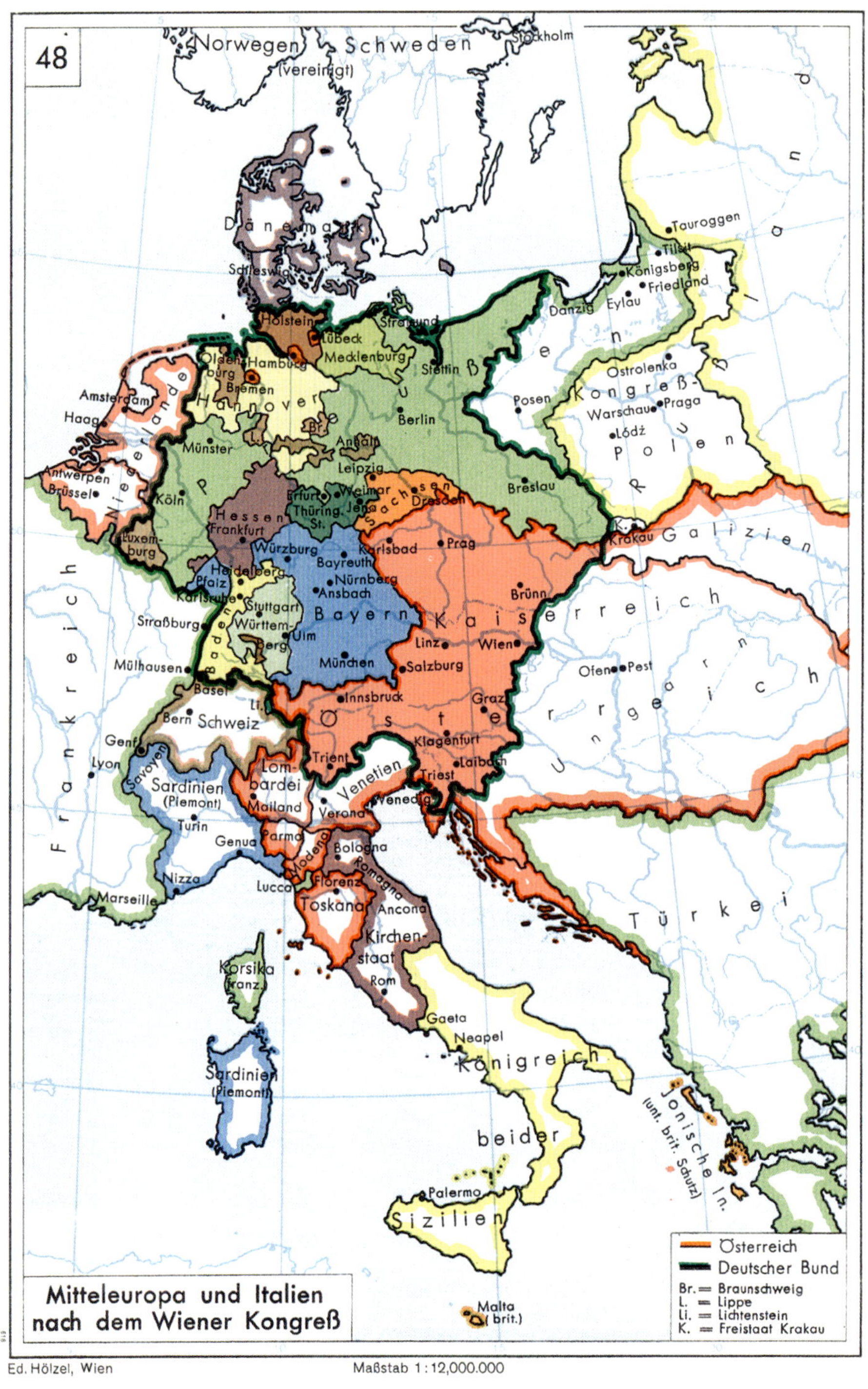

Mitteleuropa und Italien nach dem Wiener Kongress (Ed. Hölzel, Wien)

Italien und der Wiener Kongress

„Italien ist nur ein geographischer Begriff", meinte Metternich auf dem Wiener Kongress. Es gab Piemontesen, Venezianer, Lombarden, Toskaner, Neapolitaner, Sizilianer und Römer; sie alle zusammen aber als Italiener zu bezeichnen, kam den Staatsmännern vor 200 Jahren nicht in den Sinn. Massimo d'Azeglio, Politiker und Dichter, brachte es auf den Punkt als er sagte: „Nachdem Italien geschaffen wurde, müssen jetzt die Italiener geschaffen werden." Azeglio war sardischer Ministerpräsident, berühmt als Künstler, Publizist, Romancier und Staatsmann.

Er entstammte einer altadeligen piemontesischen Familie und war bemüht, ein italienisches Nationalgefühl zu entwickeln, das in ganz Italien mit Enthusiasmus aufgenommen wurde. Niemals jedoch schloss er sich direkt Revolutionsbünden oder einschlägigen Organisationen an.

Wenn er auch 1848/49 als Offizier den Truppen, die König Viktor Emanuel II. gegen die Österreicher entsandte, angehörte, so fügte er sich doch immer den Gegebenheiten und bemühte sich, auf friedlichem Weg zur Einigung Italiens beizutragen.

Metternich hatte ursprünglich für die italienischen Staaten einem dem Deutschen Bund ähnlichen Italienischen Bund unter dem Vorsitz Österreichs geplant, konnte sich aber mit dieser Idee bei Kaiser Franz I. und vor allem bei den italienischen Fürsten nicht durchsetzten.

Die Väter der italienischen Einigung, Giuseppe Mazzini und Giuseppe Garibaldi, waren zur Zeit des Wiener Kongresses noch nicht auf der politischen Bühne präsent. Mazzini war erst zehn Jahre und Garibaldi gerade erst acht Jahre alt.

Der Kongress sah es auch nicht als seine Aufgabe an, Nationalstaaten zu gründen. Deutschland blieb neben den großen Mächten Österreich und Preußen und den drei Königreichen Württemberg, Bayern und Sachsen in eine Unzahl kleiner Fürstentümer zersplittert.

Die Hauptziele des Wiener Kongresses waren Restauration, Legitimität und Solidarität im Sinne eines gegenseitigen Schutzes vor revolutionären Ideen und Bewegungen. Die Großmächte versuchten erstmals, Kriegen ein System der internationalen Kooperation entgegenzusetzen. Dazu gehörte aus dem Verständnis der Zeit heraus nicht die Förderung demokratischer und nationaler Strömungen. Durchaus sozial und modern war das Verbot des Sklavenhandels, das auf dem Wiener Kongress vereinbart wurde. Dieses Verbot trat aber in den USA und den verschiedenen Kolonien erst ein halbes Jahrhundert später in Kraft, sodass der Sklavenhandel noch jahrelang in der Neuen Welt florierte.

Zar Alexander I. von Russland (1777–1825) war einer der Widersacher Metternichs auf dem Wiener Kongress (Stepan S. Shchukin, Öl, 1809)

Neu war auch eine verbindliche Regelung diplomatischer Abläufe, die zur Grundlage moderner außenpolitischer Verfahren wurde. Einer der beliebtesten und amüsantesten Kavaliere des Kongresses, der Belgier Prinz von Ligne, meinte: „Der Kongress tanzt, aber er kommt nicht vorwärts." Dies stimmte nicht ganz, denn in den Salons des Adels, wo sich alles traf, wurden informell, durch zahlreiche Kontakte, Indiskretionen und Liaisons, letztlich jene Vereinbarungen vorbereitet, die zu den Resultaten des Kongresses zählen sollten.

Glänzende Paraden erfreuten die Bevölkerung; Kutschenfahrten, Schlittenpartien, Bälle und Theater hielten das hohe Publikum bei Laune. Viele Historiker sind heute der Meinung, dass die aufwendigen Feste durchaus politischen Wert hatten.

Metternich hielt umtriebig und versiert die Fäden in seiner Hand. Natürlich gab es überall Spitzel. Schließlich wollte man ja wissen, was das Gegenüber dachte. Man war damals ebenso wenig zimperlich wie heute, wenn es galt, die Geheimnisse der anderen auszuspionieren.

Gastgeber Kaiser Franz I. war der zurückhaltendste aller teilnehmenden Monarchen. Er stöhnte über die großen Kosten von täglich 80.000 Gulden, die die 700 Monarchen, Diplomaten, Spitzenpersönlichkeiten und Beamten samt ihrem Gefolge verursachten. Der bedächtige Monarch widmete sich – dies typisch habsburgisch – zwar liebenswürdig dem Kongressgeschehen, das er im Wesentlichen Metternich überließ, wandte sich aber, so oft es ging, seiner Leidenschaft für Pflanzenkunde zu.

Zar Alexander I. hingegen, machtbewusst und die Größe Russlands vertretend, scheute sich nicht, militärische Interventionen anzudrohen, wenn etwas nicht nach seinen Wünschen lief – etwa in Sachsen oder Polen –, und war für Metternich wohl einer der schwierigsten Kontrahenten.

Friedrich Wilhelm III. von Preußen schließlich, meist schlecht gelaunt, bevorzugte lieber Theater als Kongressarbeit, die er seinen Vertrauten überließ.

Der Engländer Lord Castlereagh vertrat die traditionelle englische Linie eines Gleichgewichts auf dem Kontinent.

Dem skrupellosesten Repräsentanten am Kongress, der hintereinander der Revolution, Napoleon und den Bourbonen diente, dem schlauen Fürst Talleyrand-Périgord als Vertreter Ludwigs XVIII., gelang es, das besiegte Frankreich wieder ins Konzert der europäischen Großmächte einzufügen. Eine beachtliche diplomatische Leistung.

Jenen Druck, der benötigt wurde, um den Kongress zu einem positiven Abschluss zu bringen, erzeugte jedoch Napoleon: Mitten im Kongress kehrte er aus Elba zurück, versammelte große Teile der Bevölkerung hinter sich und konnte erst durch die vernichtende Niederlage bei Waterloo entzaubert werden.

Dass damals jeder jeden von den Hochmögenden und Wichtigen kannte, war für den Kongress von Vorteil. Man sprach sich leicht. Es war aber auch von Nachteil, denn man kannte die Schwächen des anderen zu gut.

Die 121 Artikel der Schlussakte des Wiener Kongresses werden von vielen als Grunddokumente der Moderne und des Zusammenwirkens der Völker untereinander gesehen.

Wenn hier darauf hingewiesen wurde, dass die freiheitlichen und nationalen Bestrebungen jener Zeit nicht zu jenen Faktoren zählten, die verwirklicht werden sollten, so ist das verständlich: Die europäische Welt von damals hatte von den Idealen der Französischen Revolution – *Fraternité, Liberté, Égalité* – genug. Wenn *Fraternité* eine Legitimation dafür darstellte, dass ein Napoleon Bonaparte das alte Europa zerstören konnte, *Liberté* das Abrücken von den christlichen Prinzipien signalisierte und *Égalité* begrifflich die Abschaffung aller Hierarchien in sich barg, dann waren dies nicht jene Ideale, die die Staatsmänner des Wiener Kongresses vertraten.

Auch für große Kreise der Bevölkerung schien eine Welt, die sich den Prinzipien jener blutigen Revolution verschrieben hatte, nicht wünschens-

Europa nach dem Wiener Kongress 1815 (The International Commission and Association on Nobility, 2009)

Charles-Maurice de Talleyrand-Périgord, Herzog von Benevent (1754–1838), zeitweise französischer Außenminister unter Napoleon und Ludwig XVIII. Als Vertreter der Verliererseite auf dem Wiener Kongress gelang es ihm, so günstige Bedingungen auszuhandeln, dass Frankreich keine Gebietsverluste erleiden musste. (François Gérard, Öl, 1808)

Die Habsburger-Monarchie von 1815 bis 1919 (Ed. Hölzel, Wien) (gegenüberliegende Seite)

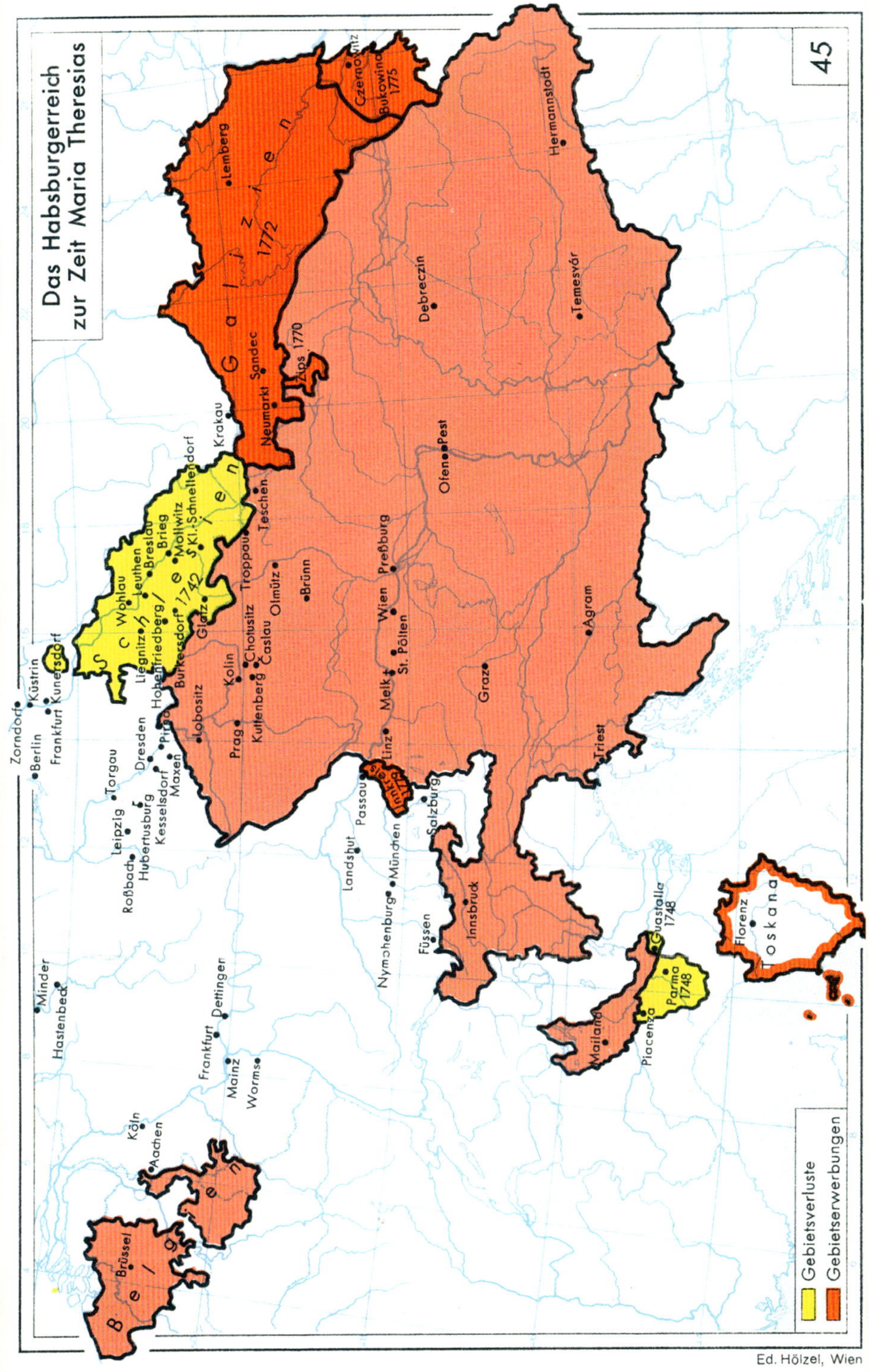
Das Habsburgerreich
zur Zeit Maria Theresias
45
Gebietsverluste
Gebietserwerbungen
Ed. Hölzel, Wien

wert. Man fand sich fest geborgen im System des Oben und Unten, in den bürgerlichen Ständen, dem Beamtentum und dem Militär.

Speziell in Österreich hatte niemand etwas dagegen, dass über allem der Kaiser thronte, der es als „guter Vater" schon richten würde. Die Zeit des Ancien Régimes Maria Theresias war nicht verhasst, sondern in guter Erinnerung, und zwar als Wunsch vieler nach einer geordneten, friedlichen Gesellschaft, in der jeder wusste, wo er stand. So war auch das Prinzip der Restauration beim Wiener Kongress zu verstehen.

Metternich war kein Sozialrevolutionär, sondern ein routinierter, durch zahlreiche Erfahrungen geprägter Karrierediplomat des Ancien Régimes. Der Fürst war intelligent genug, um zu wissen, dass eine Restauration nicht so weit gehen dürfe, alle seit 1789 eingetretenen Veränderungen wieder rückgängig machen zu wollen. Sein Ziel war vielmehr, allen zukünftigen revolutionären Bestrebungen einen Riegel vorzuschieben; dazu zählten auch die sozialen und vor allem auch die nationalen Bewegungen seiner Zeit.

In Italien aber gab es damals keine sichtbare und organisierte revolutionäre Bewegung. Es gab jedoch Gefühle für eine *Italianità* (Italianität), die noch nicht die Stufe der politischen Wirksamkeit erreicht hatten. Natürlich war der Erinnerungsschatz der Eliten geprägt von der lange vergangenen Größe des Römischen Reiches, vom Wirken der Viscontis und Sforzas in Mailand, vom Glanz der Medicis in Florenz, von der alten Herrlichkeit eines Friedrich II. in Neapel und Sizilien, aber auch vom Kampf der tapferen Tochter Maria Theresias, jener Königin Maria Carolina, die soeben erst gestorben war und die als eine der wenigen den Mut fand, sich gegen Napoleon zur Wehr zu setzen. Nicht ohne Grund bezeichnete sie Napoleon als „die gefährlichste Frau Europas".

Auch die Venezianer trauerten ihrer großen Geschichte nach: jenen Mocenigos, Foscaris, Zenos, Pisanis und wie die bedeutendsten Protagonisten ihrer Vergangenheit alle hießen. Venedig aber war nicht nur durch den Ansturm Napoleons zerstört worden. Seine Eliten waren nicht mehr stark genug, die alte Adelsoligarchie in die Moderne zu führen.

Die *Serenissima* – die verkürzte Form des offiziellen Staatstitels „La Serenissima Repubblica di San Marco" (Die allerdurchlauchteste Republik des Heiligen Markus) – war zunehmend mehr zu einem anmutigen, barocken Schauspiel für ganz Europa geworden: staunend beobachtet und bewundert, Zielpunkt zahlreicher Kavaliersreisen, aber mit einer immer größeren Schwäche des Systems behaftet, das den Stürmen einer neuen Zeit weder von außen noch von innen gewachsen war. Wie so oft waren die alten Familien nicht mehr Seemänner, Eroberer und Kolonialfürsten, sondern nur noch Verwalter ihrer eigenen großen Geschichte.

Die Politik Metternichs auf dem Wiener Kongress für Italien war eine zutiefst pragmatische. Metternich hatte, wie viele ausgezeichnete Diplomaten, ein feines Gespür für die Kunst des Möglichen. Wenn Italien schon nicht, ähnlich dem Deutschen Bund, geeint werden könne, so sollte der habsburgische Einfluss entsprechend gefestigt werden. Italien war noch nie so habsburgisch dominiert wie in der Zeit zwischen dem Wiener Kongress und dem Jahr 1859, in dem Österreich die Schlacht von Solferino verlor und die nationale Einigung Italiens politische Realität wurde.

Nach dem Wiener Kongress wurde die Toskana wieder habsburgisch – sie war mit der Regentschaft des Hauses seit Kaiser Franz I. Stefan gut gefahren; Mailand und Venetien wurden zum Lombardo-Venezianischen Königreich unter dem König-Kaiser in Wien zusammengefasst.

Parma, Piacenza und Guastalla kamen auf Lebenszeit an Marie Louise, der zweiten Frau Napoleons und Tochter Franz I., und später wieder an die Bourbonen, deren größte die spätere Kaiserin Zita I. von Österreich-Ungarn werden sollte.

Modena wurde ebenfalls von habsburgischen Herzögen regiert, währen Triest und das Küstenland, das fast ein halbes Jahrtausend zu Österreich gehört hatte, selbstverständlich wieder seinen angestammten Platz im Reiche fand. Auch Neapel-Sizilien, das zwar dynastisch bourbonisch war, stand in der österreichischen Einflusssphäre, da man sich auf die unsichere und schwache Politik der bourbonischen Könige nicht wirklich verlassen konnte. Andererseits funktionierte die durch zahlreiche Heiraten gefestigte Verbindung Habsburg–Bourbon durchaus gut.

So war alles in allem Norditalien habsburgisch dominiert, mit Ausnahme jenes nordwestlichen Königreichs Sardinien-Piemont, von dem in Zukunft die Einigung Italiens durch die ständige Bekämpfung des Kaiserstaates Österreichs ausgehen sollte.

Die habsburgische Herrschaft, die nach dem Wiener Kongress noch für ein halbes Jahrhundert in Italien ausgeübt wurde, war im Wesentlichen milde und gerecht und kam den Bedürfnissen der Bevölkerung entgegen. Sie bot die auch heute vielfach vermisste Rechtssicherheit, verbunden mit einer bewährten und erfahrenen Bürokratie, deren Gang gemütlich, aber streng dem Prinzip der Gesetzestreue verbunden war. Die Infrastruktur, ob Straßen, Häfen, später auch Bahnen, Spitäler, Schulen und Verwaltungseinrichtungen, wurde konsequent ausgebaut.

Die Mitbestimmung breiter Bevölkerungskreise durch eine Reihe von Selbstbestimmungskörper wurde Zug um Zug modernen Erfordernissen angeglichen und die Gerechtigkeit des Justizwesens wird in Italien auch heute noch lobend erwähnt.

Ein bisschen scheint es, dass der revolutionäre Rausch des Nationalismus der pragmatischen Sicht gewichen war, der die Erkenntnis folgte, dass die Errungenschaften sozialer und zivilisatorischer Art dort, wo die Habsburger herrschten, auch von diesen begründet worden waren.

Der Wiener Kongress war vielleicht das erste Gipfeltreffen, an dessen Ende ein neues Europa stand, das zwar kein geeintes, aber ein geordnetes Italien brachte. Ein Italien der Subsidiarität, das die Erinnerung an Roms Größe und die Pracht der Renaissance mit einem Biedermeier monarchischer Prägung verband, wenn es denn wollte.

Der römisch-deutsche Kaiser Joseph II. und Großherzog Pietro Leopoldo von Toskana (lks.) (1747–1792) (Pompeo Batoni, Öl, 1769)

Die Reise des letzten römisch-deutschen Kaisers

Kaiser Franz II./I. war Italiener. Genauer: Er war eigentlich Florentiner, als Sohn des Großherzogs Pietro Leopoldo, des späteren Kaiser Leopold II., der die Toskana zu einem Musterstaat im Sinne der Aufklärung ausgebaut hatte.

Seit drei Generationen lebten die Großherzöge aus dem Haus Habsburg bereits in der Toskana, die Franz I. Stefan, dem Gemahl Maria Theresias, als Entschädigung für Lothringen zugesprochen wurde. Franz I. war 1815 bereits 47 Jahre alt, für die damalige Zeit also nicht mehr der Jüngste. Er hatte 1804 das Kaiserreich Österreich begründet und war der letzte römisch-deutsche Kaiser, der 1806 die deutsche Kaiserkrone niederlegte. Er war somit auch der einzige Herrscher, der zumindest durch zwei Jahre hindurch zwei Kaiserkronen trug.

Franz war ruhig, bedächtig, liebte seine große Familie, überwandt die Schrecken der Napoleonischen Zeit und erinnert ein bisschen an seinen Vorfahren Friedrich III., der, von allen bedrängt, geduldig und ohne Geld, letztlich die erfolgreiche Heiratspolitik des Hauses Habsburg im Hochmittelalter begründete.

Als endlich im zweiten Pariser Frieden vom 28. September 1815 die Akten über Napoleon endgültig geschlossen werden konnten und Ludwig XVIII. verbittert und – ohne viel von den Umwälzungen der Zeit begriffen zu haben – die bourbonische Herrschaft in Frankreich wieder antrat, verließ Franz I. Paris. Er hatte gemeinsam mit Zar Alexander I. von Russland und Friedrich Wilhelm III. von Preußen das Friedensdokument unterzeichnet.

Jetzt begab er sich in seine süd- und südöstlichen Länder, die stark unter der französischen Herrschaft gelitten hatten. Es war kein Triumphzug, so wie etwa bei Karl V., als dieser, nachdem Sultan Süleyman der Prächtige die Belagerung von Wien aufgegeben hatte, von Spanien nach Italien zog. Karl V. war ein Sieger, wie ihn die Halbinsel selten gesehen hatte.

Sogar der Medici-Papst Clemens VII., den Karl in die Knie gezwungen hatte, eilte nach Bologna, um ihn dort 1530 zu krönen. Karl schien der „Herr des Erdballs“ zu sein, wie es Kasimir Edschmid formulierte.

Er besaß die Reiche Spaniens, Italiens, Deutschlands und Siziliens. Er beherrschte, wenn auch unter Kämpfen mit den Ungläubigen, das Mittelmeer und die Handelsstraßen nach Indien. Seine Fahne wehte auf den Antillen und an den Eingangspforten des neu entdeckten amerikanischen Kontinents. Ihm gehörten nicht nur die österreichischen Erbländer, sondern auch die Niederlande, Böhmen, Mähren, Schlesien und Ungarn.

Franz I. aber war kein Triumphator. Sein Haus war durch die Wirrnisse des Dreißigjährigen Krieges, des Spanischen Erbfolgekrieges und zuletzt Napoleons gegangen und er gestaltete nun, als Enkel Maria Theresias, sein nach dem Wiener Kongress geformtes mitteleuropäisches Reich.

Der Medici-Papst Clemens VII. (1478–1534) auf einem Gemälde von Sebastiano del Piombo (Öl, um 1531)

Konsequent, bescheiden und nicht immer die Zeichen einer neuen Welt, die sich am Horizont abzeichneten, erkennend. Wer tat dies schon, in einer Epoche, die nach dem französischen Sturm vor allem die Ruhe ersehnte, die wohl auch oberstes Ziel eines Kaisers sein musste, der die Unbill seiner Zeit überstanden hatte.

Habsburg war zwar durch das *Renversement*, also die Umkehrung der Bündnisse und die Verbindung des Hauses Österreich im 18. Jahrhundert, mit den Bourbonen befreundet, dennoch mochte der Kaiser Paris nicht. Zuviel Bedrückendes war von dort ausgegangen. Ein weiterer Grund für seine rasche Abreise war, dass seine dritte Frau Maria Ludovika von Modena schwer erkrankte. Auf Anregung ihrer Ärzte hatte sie sich zur Erholung nach Südtirol begeben, um das milde Klima zu genießen. Maria Ludovika, die wusste, dass sie nicht mehr lange zu leben hatte, wollte noch einmal mit ihrem Mann nach Monza kommen, wo sie ihre Kindheit verbracht hatte.

Der Kaiser seinerseits wollte sich mit einer Rundreise über den Zustand seiner Länder, insbesondere des neu gegründeten Königreichs Lombardo-Venezien, informieren. In der Lombardei war die Ernte in diesem Jahr katastrophal ausgefallen. Es drohten Hungersnöte und in deren Folge revolutionäre Bewegungen. Den Lombarden und insbesondere den Mailändern

Franz II. bzw. Franz I. Joseph Karl von Österreich (1768–1835) war der letzte römisch-deutsche Kaiser. (Friedrich von Amerling, Öl, 1832)

Maria Ludovika Beatrix von Modena (1787–1816) war die dritte Gemahlin Kaiser Franz I. (Unbekannter Künstler, Öl, um 1816)

war zwar die Herrschaft Napoleons zunehmend verhasster geworden, dennoch wollten gewisse politische Kreise kein fremdes Regime mehr und erkannten zu wenig, dass gerade Franz I., ebenso wie seine Brüder Johann, Karl und Rainer, Prinzen der Toskana waren.

All das aber hinderte den Kaiser nicht, verdiente Offiziere, vor allem auch Italiener, in die k.k. Armee zu nehmen.

Ein Beispiel von vielen ist dabei der k.k. Feldmarschall Leutnant Archilles Conte di Fontanelli, der zwar ein verdienter Heerführer, jedoch 1809 auf Seiten Napoleons in Wagram eine Division gegen Österreich befehligt hatte. Jetzt war er hoher Offizier des Kaiserreiches und zeigte sich besonders bemüht, das Wohlgefallen seines Herrn zu erlangen.

Es war nicht die Sache Franz I., Kriegsgerichtsverfahren gegen verräterische Subjekte in Italien einzuleiten, denn die Sympathie des Habsburgers galt nach wie vor seinen italienischen Landsleuten, mit denen er sich im toskanischen Dialekt unterhielt. Man wollte Versöhnung, Ruhe und eine fruchtbare Entwicklung der Länder.

Sein Vertrauensmann war dabei Friedrich Heinrich Graf von Bellegarde. Bellegarde war Wallone, Präsident des Hofkriegsrats und 1815/1816 Vizekönig des Lombardo-Venezianischen Königreichs. Er stand deshalb in hohem Ansehen, weil er nach der Niederlage von Wagram die habsburgische Armee reorganisierte. Nun sollte er in Mailand sein Bestes tun, um die Lombarden und die Venezianer fest an Österreich zu binden. Er wollte dies mit Überzeugung und mit Empathie und möglichst unter Vermeidung von Zwangsmitteln erreichen. Weder war Bellegarde ein sturköpfiger Militär noch ein hart durchgreifender Politiker. Er war vielmehr ein Philosoph, der mit Geist und Herz die italienischen Untertanen seines Herrn für Habsburg einnehmen wollte.

Weiter zur Reise des Kaisers: Sie ging durch das Seine-Tal, das gerade im Herbst seine ganze Pracht erstrahlen ließ.

In Verona wollte Franz seine Tochter Marie-Louise treffen, die als Gemahlin Napoleons kurz vorher noch Kaiserin von Frankreich war. Das ihr nunmehr zugeteilte Herzogtum Parma sollte in einem festlichen Regierungsantritt an Marie-Louise übergeben werden.

Der Reiseweg über Dijon, Basel und Zürich wurde in Bregenz unterbrochen, wo Franz sich auf ein Wiedersehen mit seinen treuen Tirolern und Vorarlbergern freute. Er trug den einfachen tirolischen hechtgrauen Rock, der ihm bis an sein Lebensende am liebsten war und den er zum Erstaunen eitler und prunksüchtiger Besucher auch bei seinen Audienzen trug. Im Reisetross wurde auch ein „Schriftenwagerl" mitgeführt, mit wesentlichen, teilweise auch geheimen Dokumenten, die von speziellen Kabinettsdienern streng bewacht wurden.

Abgesehen von jenen Elementen, die nichts unversucht ließen, einer Wiedervereinigung Lombardo-Veneziens mit dem Kaiserreich entgegenzutreten, gab es jedoch sehr viele, die die Angliederung an Wien wünschten und die Behörden laufend von allfälligen irredentistischen Bewegungen informierten. Die kaiserliche Polizei konzentrierte sich vor allem auf die so genannten *Carbonari* (Köhler), die im Untergrund gegen Österreich hetzten. Die *Carbonari* waren der bedeutendste Geheimbund in den italienischen Staaten des 19. Jahrhunderts.

Einige italienische Nationalisten traten außenpolitisch mit den Engländern als liberale Ordnungsmacht in Kontakt. Sie scheiterten aber mit ihrem Ansinnen für einen eigenen Staat, weil Lord Castlereagh schon 1813 mit Metternich vereinbart hatte, dass Mailand und Venetien für die verlorenen Niederlande wieder unter die österreichische Herrschaft kommen sollten.

Für die europäische Politik hieß dies, dass Österreich sich mehr oder minder aus dem Westen zurückzog und vor allem in der Mitte, im Süden und im Südosten die Ordnung des Kontinents aufrechterhalten sollte.

Gegen die nationalitalienischen Bemühungen war auch Ludwig XVIII. kein wirklicher Bündnispartner. Der alternde Bourbone war verärgert, dass Parma – an und für sich altes bourbonisches Land – als Entschädigung an die Erzherzogin und frühere Kaiserin Marie-Louise gehen sollte, wobei ohnedies nach deren Ableben vereinbart war, das Land wieder an die Bourbonen zurückzugeben, was selbstverständlich auch geschah.

In seiner kurzsichtigen Politik scheute Ludwig XVIII. nicht einmal davor zurück, zum vermeintlichen eigenen Vorteil, den Vicomte Eugène de Beauharnais, der Vizekönig im napoleonischen Königreich Italien gewesen war, zum Großconnetable von Frankreich zu ernennen, um ihn als Bündnispartner zu gewinnen. Ludwig vergaß, dass er es wesentlich Österreich zu verdanken hatte, überhaupt wieder auf dem Thron zu sitzen. Dankbarkeit aber ist kein Kriterium der Politik.

Die kaiserliche Politik war anders: Um die Versöhnung mit den Mailändern voranzutreiben, nahm Bellegarde auch alte Parteigänger Napoleons, die früher in hohen Stellungen waren, in die Verwaltung auf. Dass dies andererseits Gegner Napoleons verärgerte, war klar. Es war also wieder einmal eine Politik des Gleichgewichts und des Ausgleiches gefragt.

Eugène de Beauharnais (1781–1824), später adoptierter Stiefsohn Napoleons I., war unter anderem Vizekönig von Italien. (Andrea Appiani, Öl, 1810)

Fast eine Anekdote der Geschichte ist, dass ein vorbereiteter Putsch in Mailand unter anderem auch deshalb erfolglos blieb, weil Bellegarde rechtzeitig vom Außenminister des Königreichs Piemont-Sardinien – später eines der größten Gegner Österreichs – gewarnt wurde.

Geheime Recherchen der Piemontesen hatten nämlich ergeben, dass in breitesten Kreisen weder ein Volkshass gegen Österreich bestand und schon gar keine Lust festzustellen war, wieder in neue Kriege verwickelt zu werden.

Begleiten wir den Kaiser weiter: Ende Oktober 1815 traf er mit seiner Gemahlin zusammen. Sie war todkrank und ihre Lungenschwindsucht unheilbar. Die Reise wurde zu einem Krankentransport von Station zu Station. In Venedig traf Maria Ludovika ihre Brüder Franz, Herzog von Modena, Ferdinand, der als Feldmarschall zahlreiche Schlachten in der Zeit der Napoleonischen Kriege bestritt, bevor er Generalgouverneur von Galizien und Siebenbürgen wurde, sowie Maximilian, den späteren Hochmeister des Deutschen Ordens.

In Mantua feierte die kaiserliche Familie das Weihnachtsfest 1815. Franz, dem jeder Prunk fernlag, wusste, dass Napoleon immer besonders pompös aufgetreten war und konnte wider seinen Willen, jedoch der politi-

Triest, Piazza Grande, links im Bild der Palazzo del Governo, der Sitz des habsburgischen Statthalters, heute Sitz der Präfektur an der neubenannten Piazza dell'Unità d'Italia (2011)

schen Raison folgend, dem korsischen Emporkömmling nicht nachstehen. Es wurden deshalb für den Einzug in Mailand, zusätzlich zu den Equipagen der Reisegesellschaft, 120 Hoffahrzeuge mit 350 Pferden angefordert. Nach dem Weihnachtsfest in Venedig kam Maria Ludovika endlich nach Monza, um den glücklichen Tagen ihrer Kindheit nachzuträumen. Franz aber fuhr weiter nach Verona, weil es sein Dienst so verlangte.

In Verona traf er Kaiserin Marie-Louise, die auf ihre Inthronisierung in Parma wartete, und auch die todkranke Maria Ludovika war noch einmal gekommen. Es waren zwei Kaiserinnen, die beide höchsten Glanz genossen und genügend Enttäuschungen erlebt hatten: Die Kaiserin von Österreich, die dem nahenden Tod entgegenging, und die Exkaiserin von Frankreich, die sich unter Tränen erinnerte, dass Napoleon, den sie bis zu einem gewissen Grad zu lieben gelernt hatte, nun für immer von ihr getrennt war.

Maria Ludovika starb in Gegenwart des Kaisers am Palmsonntag am 7. April 1816 in Verona.

Franz verbrachte den Rest des Aprils im Venezianischen.

Der Wiederaufstellung der von Bonaparte in Venedig geraubten Quadriga, den goldenen Pferden am Markusdom, eines der Wahrzeichen der Stadt schlechthin, wohnte der Kaiser bei. Er ließ auch allen anderen italienischen

Triest, Alter Hafen (2016)

Ländern die von den Franzosen in den Kriegen geraubten Kunstschätze zurückgeben.

In der Folge setzte Franz seine Inspektion im Venezianischen fort und stellte fest, dass es hier weder Putschisten noch militante Feinde Österreichs gab. Danach ging es in die illyrischen Provinzen, die Napoleon den Habsburgern abgenommen hatte: das Küstenland, Triest, Istrien, Krain, Teile der südlichen Steiermark und Kärnten.

Besonders in Triest wurde die Heimkehr nach Österreich in vollen Zügen gefeiert. Schon der Urgroßvater Franz I., Karl VI., hatte Triest seine besondere Aufmerksamkeit geschenkt. Franz selbst sollte die Stadt weiter ausbauen, sodass später der österreichische Lloyd den Seehandel mit der Levante, der schon die Türkenkriege überdauerte, bis nach Ostasien und Südamerika erweitern konnte.

Die Reise des Kaisers, die nach Triest wieder in seine Reichs- und Residenzstadt Wien führte, ist in seinem Tagebuch akribisch vermerkt. Der Kaiser machte sich mit dem Bleistift Notizen, die am Ende jedes Tages mit der Kielfeder ins Reine geschrieben wurden.

Ähnlich wie später Kaiser Franz Joseph war Franz I. nicht genial, jedoch bewahrend und sich stets seiner Verantwortung als Vater seiner Völker bewusst. Er sah sich stets als Diener seines Reiches und den Interessen seines Hauses in guten und schlechten Zeiten verpflichtet. Nicht zuletzt deshalb wurde er in Wien als „Guter Kaiser Franz“ verehrt.

Die Toskana – ein Überblick

Wie ein Garten breitet sich die Toskana in der Mitte Italiens aus. Weingärten, Obst, Wiesen und Felder, prächtige Villen und alte Bauernhäuser bestimmen die Landschaft. Die alten Etruskerstädte Arezzo, Volterra und Fiesole kennzeichnen ebenso das Land wie die Metropolen Florenz, Pisa und Siena, in denen sich die Renaissance entwickelte. Nach Ende des Weströmischen Reiches um 476 beherrschten vorerst die Ostgoten, später die Griechen und endlich die Langobarden die Toskana, die früher Tuszien hieß. Auch Reste der etrurischen Herrschaft sind heute noch gut wahrnehmbar.

Nach dem Sturz des Langobardenherrschers Desiderius 774 kam das Gebiet unter fränkische Herrschaft. Zu Anfang des 13. Jahrhunderts bildeten sich in Florenz, das allmählich die Suprematie im Lande erlangte, langsam die munizipialen Formen, bestimmt durch die Einführung der *Podestas*, aus. Als *Podestas* wurden im Mittelalter die lokalen Vertreter der Stadtherren bezeichnet. Schon zu Ende der Herrschaft der Hohenstaufen in Italien teilte sich das Land in Guelfen und Ghibellinen, wobei letztere nach dem Tod König Manfreds, dem Sohn Kaiser Friedrichs II., 1266 in der Schlacht von Benevent bedeutend an Einfluss verloren.

Nach manchem Wechseln zwischen Gewalt und Pöbelherrschaft folgte eine Oligarchie; erst unter der aristokratischen Familie der Albizzi, später unter der der Medici. In dieser Zeit der großen Kaufherren traten mit Kaiser Karl V. die Habsburger auf den Plan. Zahlreiche Verbindungen mit dem Kaiserhaus stärkten dessen Einfluss im Land, wobei die Medici allerdings versuchten, auch durch Heiraten mit dem französischen Königshaus das Gleichgewicht zwischen den zwei großen Dynastien Europas einigermaßen aufrechtzuerhalten.

Mit Großherzog Cosimo II. begann, vorerst unmerklich, der Niedergang des Landes. Die Medicis begannen nun mehr vom Ruhm der Ahnen zu zehren als das Land innovativ weiterzuentwickeln. Ein wenig ersetzten jedoch in der Spätzeit Wissenschaften und Künste die Schwächen der Politik.

Nach dem Tod des letzten Medici-Großherzogs der Toskana, Gian Gastone, kam die Toskana 1737 schließlich an Kaiser Franz I. Stefan von

Blick auf den Arno und den Ponte Vecchio in Florenz, der Regionalhauptstadt der Toskana (2011)

Der römisch-deutsche Kaiser Karl V. teilte sein Reich zwischen der spanischen und der österreichischen Linie auf. (Lambert Sustris, Öl, um 1515)

(Jan Drewes, Wikimedia commons, CC-BY-SA-4.0)

Lothringen, dem Gemahl Maria Theresias. Vor allem unter seinem Sohn Pietro Leopoldo, der, ähnlich seinem Bruder Kaiser Joseph II., ein umfassendes Reformwerk vollbrachte, entwickelte sich die Toskana zum modernsten Staat Italiens.

Nachdem Napoleon zu Ende des 18. Jahrhunderts ganz Italien unter französischen Einfluss brachte und die alten gewachsenen Strukturen nach seinen Wünschen autoritär veränderte, kam die Toskana nach dem Wiener Kongress wieder an ihre bewährten habsburgischen Herrscher. Sie verblieb dort, nicht ohne dass größere und kleinere Revolutionen im Zuge des stets anwachsenden italienischen Nationalismus die Länder bedrängten, bis zum Krieg von Solferino im Jahre 1859, den Österreich verlor.

Die Toskana war nun Teil des jungen Königreichs Italien. Nach Ende der habsburgischen Herrschaft wurde Florenz kurz Hauptstadt Italiens und danach bis heute Regionalhauptstadt der Toskana.

Habsburg und Medici: Kaiser und Kaufherren in Florenz

Ohne Medici wäre die Toskana undenkbar. Wie kaum eine andere Kaufmanns- und Bankiersdynastie gelang es ihnen im 15., 16. und 17. Jahrhundert, die Toskana zu beherrschen. Geliebt, gehasst, bewundert, vertrieben und wieder nach Florenz zurückgekehrt, war es der Wunsch aller bedeutenden Familien dieser Zeit, sich durch Hochzeiten mehr oder minder zu nobilitieren. Ziel war es, in die vornehmsten Dynastien Europas einzuheiraten. Dafür kamen vor allem die Habsburger und die Bourbonen in Frage.

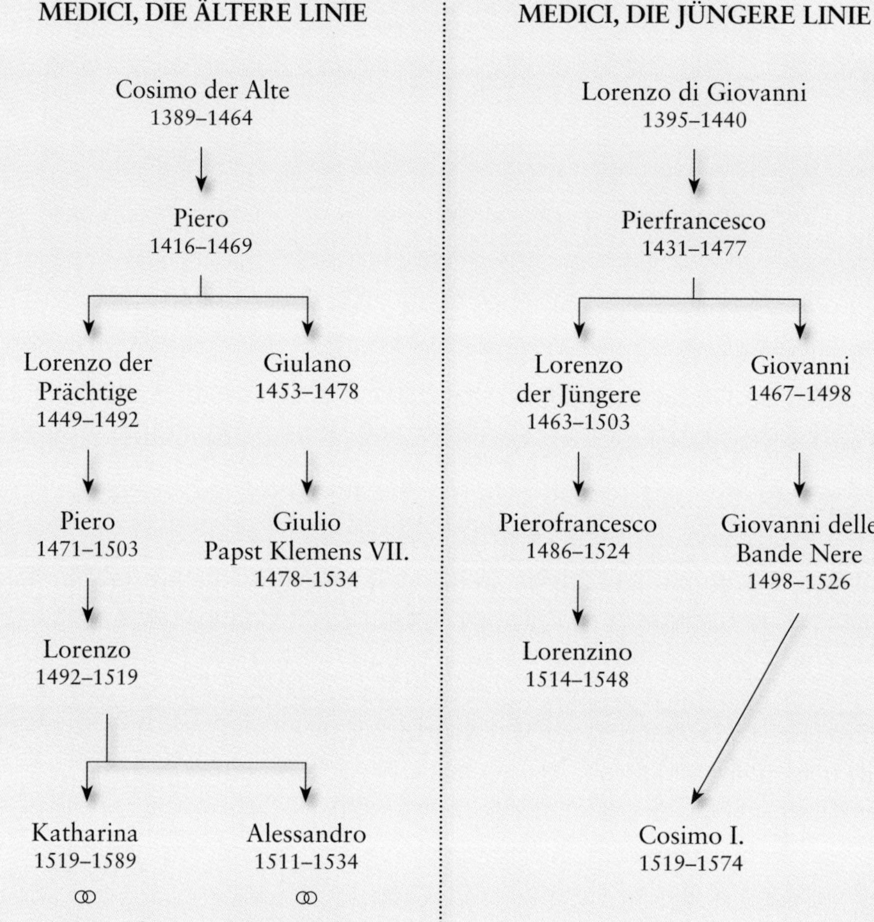
Stammfolgen
Habsburg–Medici I
Auszug
MEDICI, DIE ÄLTERE LINIE
Cosimo der Alte
1389–1464
Piero
1416–1469
Lorenzo der Prächtige
1449–1492
Giulano
1453–1478
Piero
1471–1503
Giulio
Papst Klemens VII.
1478–1534
Lorenzo
1492–1519
Katharina
1519–1589
∞
König Heinrich II. v. Frankreich
Alessandro
1511–1534
∞
Margarete v. Österreich/Parma (Tochter König Karls V.)
MEDICI, DIE JÜNGERE LINIE
Lorenzo di Giovanni
1395–1440
Pierfrancesco
1431–1477
Lorenzo der Jüngere
1463–1503
Giovanni
1467–1498
Pierofrancesco
1486–1524
Giovanni delle Bande Nere
1498–1526
Lorenzino
1514–1548
Cosimo I.
1519–1574

Schon lange bevor Kaiser Franz I. Stefan von Lothringen, der Gemahl Maria Theresias, die Toskana als Ausgleich erhielt, waren Habsburg und Medici miteinander verbunden. Blicken wir zurück: Kaiser Friedrich III. hatte den Heiratsreigen Habsburgs mit den bedeutendsten Geschlechtern seiner Zeit eingeleitet. Sein Sohn Maximilian, „der letzte Ritter“, heiratete Maria von Burgund, sein Sohn Philipp der Schöne Johanna von Kastilien, sein Enkel Kaiser Ferdinand I. Anna von Böhmen und Ungarn.

Innerhalb von 50 Jahren waren Burgund, Spanien, die Neue Welt (später auch Portugal), große Teile Deutschlands und zuletzt Böhmen und Ungarn an Habsburg gekommen.

Ein Weltreich war entstanden. Nun setzte das Kaiserhaus konsequent diesen bewährten Weg fort und verbreiterte sein Netzwerk in Italien. Die Mittel dazu waren wieder Eheschließungen und Erbverträge.

Eine besondere Rolle spielte dabei Florenz, das in der Mitte Italiens ausgezeichnete Voraussetzungen für die Strategien der Dynastie bot. Sowohl eheliche als auch außereheliche Nachkommen – Bastarde waren damals nicht verachtet, sondern vielmehr wichtige Bausteine dynastischer Politik – wurden im Interesse der Familie aufgeboten.

Margarete und Alessandro

Margarete von Österreich, die spätere Herzogin von Parma (1522–1586), eine uneheliche Tochter Kaiser Karls V. aus der Verbindung mit Jeanne van der Gheynst, eröffnete den Hochzeitsreigen. Der Auserwählte war Alessandro de' Medici, der offiziell zwar ein Sohn Lorenzos II. de' Medici, in Wirklichkeit wahrscheinlich aber ein außerehelicher Sohn von Papst Clemens VII. Medici war. Karl V. schlug also zwei Fliegen mit einer Klappe. Einerseits besiegelte er den Frieden mit Clemens VII., der als Freund Frankreichs Karl bekämpft hatte, andererseits setzte er seinen Fuß in die reiche Toskana. Die Hochzeit am 29. Februar 1536 war dem Kaiser so wichtig, dass er persönlich am Fest teilnahm.

Während seine Tochter bestens ausgebildet und mit dem habsburgischen Pflichtbewusstsein ausgestattet war, das sie später als Statthalterin der Niederlande in schwierigen Zeiten bewies, war Alessandro mehr als leichtfertig. Er war ein Wüstling, dessen Leben sogar im freizügigen Zeitalter der Renaissance als skandalös galt. Er und sein entfernter Vetter Lorenzino feierten Orgien im Palast, überfielen Klöster und stürmten Privathäuser auf der Suche nach Liebesabenteuern. Ein Skandal nach dem anderen kam ans Licht, aber niemand wagte es vorerst, ein Wort zu sagen.

Ausschnitt aus einem Porträt Margarethes von Parma (1522–1586), einer unehelichen Tochter Kaiser Karls V., von Antonio Moro (Öl, 2. Hälfte 16. Jh.)

Alessandro de' Medici (1510–1537) fiel Anfang 1537 einem Mordanschlag zum Opfer. (Pontormo, Öl, 1534–1535)

Lorenzino schließlich wollte die Macht in Florenz erobern, weil er sich geeigneter als Alessandro empfand, das Herzogtum zu regieren. Er ließ Alessandro ermorden, ob er selbst dabei Hand anlegte oder nicht, ist unklar. An das Bettlaken des Toten, das über die blutige Leiche gezogen wurde, war ein Zettel geheftet, auf dem eine Zeile aus Vergils „Aeneis" stand: „Möge die Vaterlandsliebe die Ruhmessucht besiegen." Der Mord geschah am 6. Januar 1537.

Nach der verabscheuungswürdigen Tat floh Lorenzino und anstelle von Alessandro trat mit Cosimo I. der erste Herzog der jüngeren Linie der Medici, die in der Folge Florenz beherrschen sollte. Margarete war bereits nach zehn Monaten Witwe geworden. Schon im nächsten Jahr, 1538, heiratete sie Ottavio Farnese und wurde, wie wir noch hören werden, Herzogin von Parma. Der erste Versuch, zwei, wenn auch illegitime Vertreter der Häuser Habsburg und Medici zusammenzubringen, war nur von kurzer Dauer.

Johanna von Österreich (1547–1578), die mit Francesco I. de' Medici (ab 1574 Großherzog der Toskana) eine unglückliche Ehe führte und früh im Kindbett verstarb (Giovanni Bizzelli, Öl auf Holz, 1568)

Johanna und Francesco

Ein gutes Vierteljahrhundert später kam es wieder zu einer Verbindung mit Medici: Johanna (1547–1578), die jüngste Tochter Kaiser Ferdinands I., heiratete am 18. Dezember 1565 in Florenz den späteren Großherzog Francesco de' Medici. Johanna erhielt eine fundierte Ausbildung in Philosophie, Kunst, Musik und in Französisch, Spanisch, Ungarisch und Latein. Der Palazzo Vecchio wurde anlässlich der Vermählung umfassend dekoriert. Auf Fresken wurden die österreichischen Städte als Juwelen in der Kaiserkrone dargestellt. Bartolomeo Ammanati baute zu Ehren Johannas auf der Piazza della Signora den Neptunbrunnen, einen der schönsten Brunnen Italiens.

Für die Medici, die bereits eine bewegte Geschichte hinter sich hatten und aus der Toskana vertrieben und wieder eingesetzt wurden, war die nun legitime Verbindung mit Habsburg ein beachtlicher Prestigegewinn. Johanna, blass, fromm, melancholisch und hochgebildet, war sich ihrer Stellung als Tochter und Schwester eines Kaisers wohl bewusst. Es war kein Wunder, dass sie in Florenz niemals wirklich heimisch wurde, denn ihr Mann liebte nicht sie, sondern seine Mätresse Bianca Cappello, eine Venezianerin, deren Geschichte Stoff zahlreicher Romane wurde. Bianca war mit den bedeutenden venezianischen Familien Cornaro, Pisani und Morosini verwandt. Ihr Geliebter Pietro Bonaventuri, ein Angestellter der venezianischen Salviati Bank, entführte sie, floh mit ihr nach Florenz und heiratete sie. Sie entkamen unter dem Heu einer schwer beladenen Gondel aus Venedig. Die *Sbirren* (Spitzel) von Venedig suchten wochenlang nach ihnen, ohne Erfolg. Die Eltern Biancas setzten eine hohe Belohnung auf ihre Ergreifung und die ihres Mannes aus.

Nachdem das junge Ehepaar mehrere Jahre unerkannt in der Hauptstadt der Toskana lebte, wurden sie entdeckt, jedoch stellte sie Großherzog Cosimo I. unter seinen Schutz, sodass ihre Auslieferung nach Venedig verhindert wurde. Der Sohn Cosimos, Francesco, verliebte sich nun unsterblich in Bianca und ließ ihren Mann Pietro ermorden.

Es war eine blutige Zeit! Die Beziehung zwischen Francesco und Bianca war durch ehrliche Liebe geprägt und wurde zur entscheidenden Belastung für die rechtmäßige Gemahlin Johanna von Österreich. Entsprechend unglücklich verlief die Ehe zwischen Francesco und Johanna, die von keiner wechselseitigen Zuneigung geprägt war.

Die Erzherzogin beschwerte sich permanent in Briefen an ihren Bruder Kaiser Maximilian II., der sogar einen Sondergesandten beauftragte, um sich über die Vernachlässigung seiner Schwester in Florenz zu beschwe-

Der Neptunbrunnen (Fontana del Nettuno) auf der Piazza della Signoria in Florenz, erbaut von Bartolomeo Ammanati (1565–1575)

Francesco de' Medici (1541–1587), ab 1574 Großherzog der Toskana in der Nachfolge seines Vaters Cosimo I. (Schüler von Justus Sustermans, vermutlich Carlo Bossi, Öl, 1640)

ren. Immerhin hatte das herzogliche Paar acht Kinder, von denen allerdings nur zwei das Erwachsenenalter erreichten: Eleonora heiratete Vincenzo I. Gonzaga, Herzog von Mantua; ein Haus, mit dem die Habsburger traditionell verbunden waren. Die jüngere Tochter Maria vermählte sich mit König Heinrich IV. von Frankreich. Es war das zweite Mal, dass eine Medici Königin von Frankreich wurde (die erste war Katharina, die Halbschwester des ermordeten Alessandro, die König Heinrich II. geheiratet hatte).

Auch Maria bot Stoff für zahlreiche Romane. Nachdem ihr Mann Heinrich IV. ermordet wurde, übernahm sie die Regentschaft für ihren noch minderjährigen Sohn Ludwig XIII. Ihr Kampf für und gegen den zeitweise allmächtigen Kardinal Richelieu führte letztlich dazu, dass die alternde Königin verbannt wurde und nach einer langen, wechselvollen Geschichte verarmt starb.

Dies alles erlebte ihre Mutter Johanna von Habsburg nicht mehr. Sie starb 1578 im Kindbett und wurde in der Basilica di San Lorenzo di Firenze begraben. Ihr Mann aber heiratete nur zwei Monate später seine Mätresse Bianca Cappello!

Maria Magdalena und Cosimo

Nicht einmal 50 Jahre später kam es zu einer weiteren Ehe zwischen Habsburg und Medici. Maria Magdalena (1589–1631), eine Tochter Karls II. von Innerösterreich, des Bruders der vorher erwähnten Johanna, heiratete 1608 Herzog Cosimo II. von Florenz. Sie war dem Katholizismus ihres Hauses verbunden, überlebte ihren Mann um zehn Jahre und regierte Florenz für ihren minderjährigen Sohn Ferdinand. Außer Ferdinand gebar sie

Maria Magdalena von Österreich (1589–1631), durch ihre Heirat mit Herzog Cosimo II. (Mitte) von Florenz Großherzogin der Toskana. Rechts: Ferdinandino II. (Schüler von Justus Sustermans, vermutlich Carlo Bossi, Öl, 1640)

fünf weitere Söhne, zwei wurden Kardinäle, Giancarlo und Leopoldo und zwei weitere, Matteo und Francesco, kämpften für den Kaiser im Dreißigjährigen Krieg. Maria Magdalena versuchte die katholische Seite im Krieg zu stärken und war im ständigen Gegensatz zu ihrer Schwiegermutter, Christine von Lothringen, die eher Frankreich zuneigte. Die Villa Baroncelli, die Magdalena gekauft hatte, nannte sie im Sinne ihrer habsburgischen Politik „Villa del Poggio Imperiale“.

Der Florentiner Maler Matteo Rosselli (1578–1650) (Giovanni Corsi, 1724)

An der Fassade prangte das habsburgische Wappen mit einer lateinischen Inschrift, die an die kaiserliche Herkunft erinnerte. Matteo Rosselli, ein Florentiner Maler, führte eine Reihe von Freskenzyklen aus, die das Leben und die Taten ihres verstorbenen Gemahls, die Verherrlichung des Hauses Österreich und Szenen aus dem Leben christlicher Märtyrerinnen und Herrscherinnen zeigte.

Maria Magdalena schätzte und förderte Galileo Galilei, den größten Naturforscher Italiens. Besonders verteidigte Galilei die Lehre des Kopernikus, nach der die Sonne und nicht die Erde den Mittelpunkt unseres Planetensystems bildet. Galilei wurde zwei Mal vor das Inquisitionsgericht gerufen und musste 1633 der kopernikanischen Lehre öffentlich abschwören. Dabei soll er ausgerufen haben: „Und sie [die Erde] bewegt sich doch!“

Maria Magdalena starb im Oktober 1631 in Passau anlässlich einer Reise zu ihrem Bruder, dem regierenden Kaiser Ferdinand II. Hauptzweck der Reise war es, die vorteilhafte Verheiratung eines ihrer Söhne zu betreiben. Das Hochzeitskarussell drehte sich in der Folge weiter.

Claudia und Leopold

Nur 14 Jahre nach der Hochzeit Maria Magdalenas heiratete die jüngste Schwester ihres Mannes Cosimo II., Claudia de’ Medici (1604–1648), im Jahr 1626 Erzherzog Leopold V., den Bruder Kaiser Ferdinands II., und

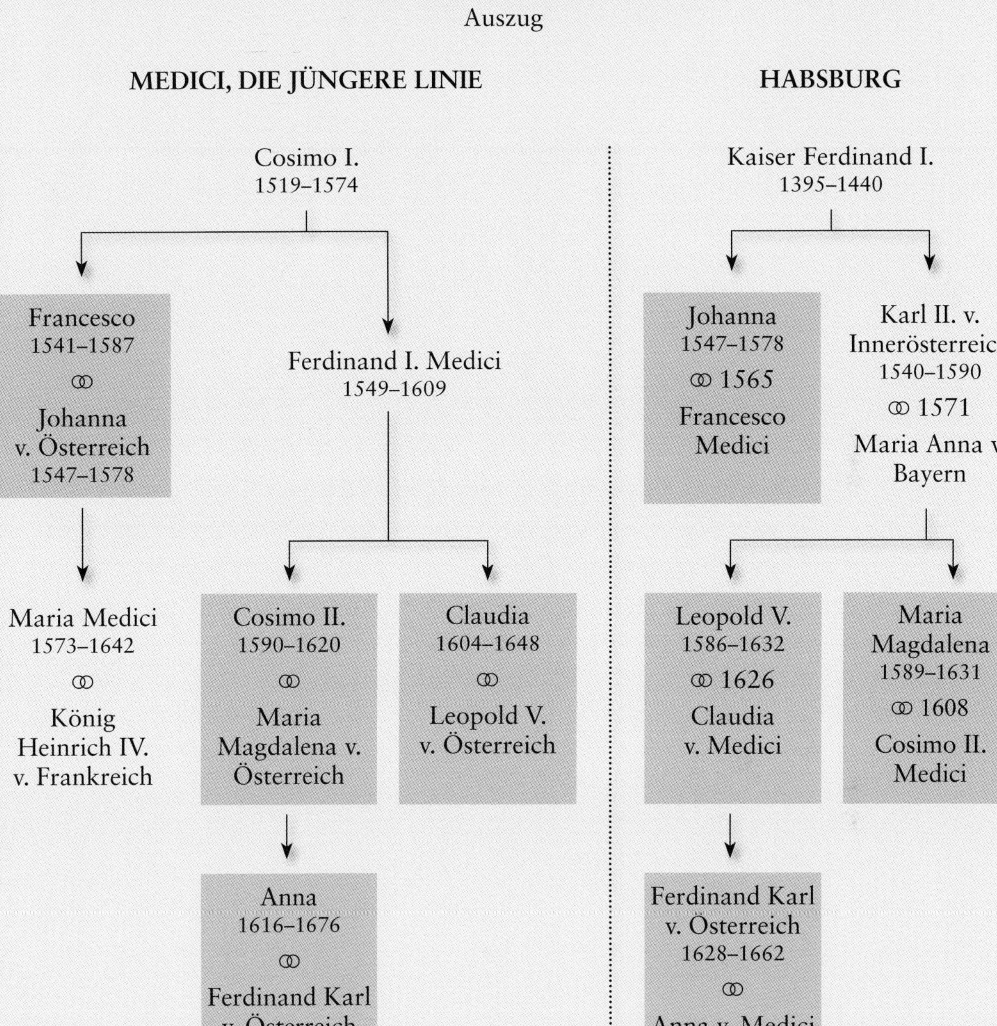
Stammfolgen
Habsburg–Medici II
Auszug
MEDICI, DIE JÜNGERE LINIE
HABSBURG
Cosimo I.
1519–1574
Kaiser Ferdinand I.
1395–1440
Francesco
1541–1587
ꝏ
Johanna
v. Österreich
1547–1578
Ferdinand I. Medici
1549–1609
Johanna
1547–1578
ꝏ 1565
Francesco
Medici
Karl II. v.
Innerösterreich
1540–1590
ꝏ 1571
Maria Anna v.
Bayern
Maria Medici
1573–1642
ꝏ
König
Heinrich IV.
v. Frankreich
Cosimo II.
1590–1620
ꝏ
Maria
Magdalena v.
Österreich
Claudia
1604–1648
ꝏ
Leopold V.
v. Österreich
Leopold V.
1586–1632
ꝏ 1626
Claudia
v. Medici
Maria
Magdalena
1589–1631
ꝏ 1608
Cosimo II.
Medici
Anna
1616–1676
ꝏ
Ferdinand Karl
v. Österreich
Ferdinand Karl
v. Österreich
1628–1662
ꝏ
Anna v. Medici

Claudia de' Medici (1604–1648), Erzherzogin von Österreich und Landesfürstin von Tirol (Lorenzo Lippi, Öl, zirka 1646/1648)

Erzherzog Leopold V. (1586–1632), der Gemahl Claudia de' Medicis, im geistlichen Gewand (Joseph Heintz d. Ä., Öl, 1604)

wurde Landesfürstin von Tirol. Obwohl Leopold bereits nach sechs Jahren Ehe starb, brachte Claudia fünf Kinder zur Welt.

Beide vertraten den maßvollen Absolutismus nach der Devise: „Geht es nicht mit den Ständen, dann ohne sie."

Ihr begabter Kanzler Dr. Wilhelm Biener wurde wohl gegen den Wunsch des Fürstenpaares in einem Geheimverfahren, das die intrigante Hofkamarilla betrieben hatte, zum Tode verurteilt. Die Begnadigung kam zu spät und Biener wurde in Rattenberg hingerichtet.

Nach dem Tod ihres Mannes, 1632, war Claudia, gemeinsam mit zwei Kaisern, Ferdinand II. und Ferdinand III., Mitregentin von Tirol und Vorderösterreich. Im Dreißigjährigen Krieg spielte sie eine wichtige Rolle, da sie ihre politischen Interessen energisch vertrat.

Da die Kampfhandlungen des Krieges, die vor allem in Vorderösterreich stattfanden, Tirol bedrohten, sicherte sie ihr Land durch die so genannte Porta Claudia bei Scharnitz.

Anna de' Medici (1616–1676), Gemahlin von Erzherzog Ferdinand Karl (Justus Sustermans, Öl, um 1630)

Erzherzog Ferdinand Karl (1628–1662), Landesfürst von Tirol, heiratete 1646 Anna de' Medici. (Frans Luycx, Öl, 1648)

Claudia bemühte sich, die vorderösterreichischen Besitzungen zu erweitern und eroberte vor allem auch Gebiete im Herzogtum Württemberg, wie etwa die Ämter Göppingen und Blaubeuren.

Obwohl sie sich im Sinne der Gegenreformation um die katholische Konfession bemühte, wurden im Westfälischen Frieden ihre württembergischen Herrschaften zuletzt wieder Eberhart III. von Württemberg zugesprochen. Damit waren die Verbindungen Habsburg – Medici aber immer noch nicht zu Ende.

Ferdinand Karl und Anna

Der Sohn Leopolds und Claudias, Ferdinand Karl von Österreich, Landesfürst von Tirol, heiratete – wieder 20 Jahre später – 1646 Anna de' Medici (1616–1676), die Tochter seines Onkels mütterlicherseits, Cosimo II. von Florenz, sodass wiederum eine Verbindung des kaiserlichen Hauses mit der Florentiner Dynastie gegeben war. Die Hochzeit Annas war durch ihre Tante, Claudia de' Medici, eingefädelt worden.

Eine Tochter Annas, Claudia Felicitas, wurde die zweite Gemahlin Kaiser Leopolds I. von Habsburg. Habsburg und Medici waren eine historische Symbiose eingegangen (ähnlich übrigens wie Medici und Frankreich im 16. und 17. Jahrhundert).

Nachdem 1737 der letzte Medici, Gian Gastone, gestorben war und die kulturelle Bedeutung von Florenz schon seit dem 17. Jahrhundert im Niedergang begriffen war, bewog Kaiser Karl VI. seinen zukünftigen Schwiegersohn Franz Stefan, nicht ohne dass zuvor Ludwig XIII. erheblichen Druck ausgeübt hätte, dessen Herzogtum Lothringen gegen das Großherzogtum Toskana zu tauschen. Grund war der polnische Thronfolgekrieg, dessen französischer Kandidat Stanislaus I. Leszczyński die polnische Krone verloren hatte; dafür sollte ein Ausgleich geschaffen werden, für den sich das Herzogtum Lothringen und Bar anbot.

Das Drängen des Kaisers gegenüber Franz Stefan war so groß, dass er von der Zustimmung zum Tausch der beiden Herzogtümer die Genehmigung für die Heirat Franz Stefans mit Maria Theresia abhängig machte. Die Transaktion wurde im Frieden von Wien am 18. November 1738 besiegelt. Die Toskana war endgültig zu Österreich gekommen.

Toskana, der modernste Staat Italiens

Nachdem Franz Stefan 1738 neuer Großherzog der Toskana geworden war, besuchte er unmittelbar, gemeinsam mit seiner Gemahlin Maria Theresia, sein neues Herzogtum, um sich einen ersten Eindruck zu verschaffen. Zu seinem Empfang in Florenz war (auf der heutigen Piazza Cavour) ein steinerner Triumphbogen errichtet worden. Die Sympathie des einheimischen Adels flog dem jungen Paar zu, dessen Tatkraft und Natürlichkeit allgemein gelobt wurde. Die Wirren nach dem Tod Kaiser Karls VI. im Jahre 1740 und der Beginn der Kriege mit Friedrich II. von Preußen machten es Franz Stefan allerdings unmöglich, sich nachhaltig um sein neues Land zu kümmern.

Die Verwaltung wurde von einer Reihe landfremder Beamter durchgeführt; insgesamt aber war sie nicht zum Wohl des Landes. Sie waren zwar nicht vollkommen inaktiv und einige nützliche Reformen wurden eingeführt. Es stellte sich aber bedauerlicherweise heraus, dass sich die fremden Administratoren zum Teil ungeniert bereicherten.

Das schon durch die letzten Jahre der Medici-Herrschaft heruntergekommene Land wurde mit hohen Steuern belegt, die vor allem auch für die Kosten, die Österreich aufgrund der Kriege gegen Preußen aufzubringen hatte, verwendet wurden.

Eine neue Blütezeit begann erst, nachdem Franz Stefan 1765 gestorben war und sein jüngerer Sohn, der spätere Kaiser Leopold II., als Großherzog Peter Leopold bzw. Pietro Leopoldo dauerhaft in der Toskana residierte. Der für Habsburger untypische Name Peter kam von seiner Taufpatin, der Zarin Elisabeth II. von Russland, und sollte an Peter den Großen erinnern.

Das Reformwerk Pietro Leopoldos

Pietro Leopoldo stellte sich als einer der fähigsten und bemerkenswertesten Reformfürsten des 18. Jahrhunderts heraus. Er interessierte sich vor allem auch für die „kleinen Leute“ und entwickelte so ein Gefühl für die Notwendigkeit tiefgreifender Reformen. Nachdem er seinen älteren Bruder, Kaiser Joseph II., zu dessen Königskrönung nach Frankfurt am Main begleitet hatte und sich darüber hinaus durch Reisen nach Ungarn, Böhmen und Mähren einen fundierten Überblick über die Monarchie verschafft hatte, heiratete er 1765 die spanische Infantin Maria Ludovika in Innsbruck. Sie war die Tochter Karls III. von Spanien und der Prinzessin Anna Amalia von Sachsen. Ihre ersten Lebensjahre hatte sie in Neapel verbracht. Es war für die Toskana wichtig, dass die zukünftige Großherzogin perfekt Italienisch, wenn auch mit neapolitanischem Akzent, sprach. Der Obersthofmeister, Fürst Khevenhüller, verglich sie nach der ersten Begegnung mit ihrer verstorbenen Cousine, Isabella von Parma, der großen Liebe Josefs II. Sie war großherzig und tolerant. Pietro Leopoldo war, obwohl er sie sehr liebte, amourösen Abenteuern dennoch nicht abgeneigt.

Sowohl als Großherzogin als auch später, als Pietro Leopoldo als Leopold II. Kaiser wurde, war Maria Ludovika beim Volk sehr beliebt. Die Hochzeit war allerdings durch den plötzlichen Tod des Vaters von Pietro Leopoldo, Kaiser Franz I. Stefan von Lothringen, überschattet. Der Tod des Kaisers hatte zur Konsequenz, dass Pietro Leopoldo nunmehr die unbeschränkte Herrschaft in der Toskana antreten konnte.

Pietro Leopoldo begann nun sein großes Reformwerk. Zugleich beobachtete er im Dienste des Wiener Hofes die italienischen Staaten und die politischen Entwicklungen im Mittelmeerraum, um sie im habsburgischen Sinne zu beeinflussen.

Die Reformen Pietro Leopoldos waren gemäßigter als die seines Bruders Joseph II., der oft zu rasch zu viel umsetzen wollte und damit auf größere Widerstände stieß. Pietro Leopoldo ersetzte die Ausländer in den Regierungsämtern durch Toskaner, führte ein System des freien Handels von Lebensmitteln und Stoffen ein, förderte die Landwirtschaft und gewann große Flächen an Marschland zur intensiven Kultivierung. Er organisierte die Besteuerung auf einer Basis der Gleichheit aller Bürger und schaffte zahlreiche Privilegien des Adels ab. Die Justizverwaltung wurde ebenso wie die örtliche Regierung reformiert, Folter und Todesstrafe wurden abgeschafft und das stehende Heer durch eine Bürgermiliz ersetzt. Pietro Leopoldo zügelte aber auch die Macht des Klerus, was für großen Aufruhr in der Kirche sorgte. Klöster wurden aufgelöst, jede Einmischung des Papstes abgelehnt.

Leopold II. (1747–1792), römisch-deutscher Kaiser, als Großmeister des Ordens vom Goldenen Vlies (Johann Daniel Donat, Öl, 1806)

Nachdem Joseph II. 1790 gestorben war, musste Pietro Leopoldo die Toskana verlassen und wurde als Leopold II. Kaiser des Heiligen Römischen Reiches. Er verstarb viel zu früh 1792 in Wien.

Die toskanischen Großherzöge Ferdinand III. und Leopold II.

Während Leopolds ältester Sohn Franz Kaiser wurde, wurde sein zweiter Sohn Ferdinand III. der neue Großherzog der Toskana. Er hatte Maria Luisa von Neapel-Sizilien geheiratet. Die Hochzeit wurde am

Der Palazzo Vecchio, ursprünglich Sitz der Regierung der Republik, dient heute als Rathaus von Florenz (2008).

19. September 1790 als Dreifachhochzeit gefeiert. Es war das größte Fest in Wien, bevor Napoleon große Teile Europas überrannte.

Zugleich heiratete der spätere Kaiser Franz I. Maria Theresia von Neapel-Sizilien, die ältere Schwester von Maria Luisa. Ihr jüngerer Bruder, Franz von Neapel, der spätere König von Neapel-Sizilien, vermählte sich ebenfalls am selben Tag mit Maria Klementina, der jüngeren Schwester von Franz I. und Ferdinand. Die Ehe wurde indes erst Jahre später vollzogen, da das Brautpaar noch zu jung war.

Die nahe Verwandtschaft der diversen Ehegatten erinnert ein bisschen an die Hochzeiten in enger Familie, die die spanischen Habsburger im 16. und 17. Jahrhundert für notwendig hielten, um den Zusammenhalt der Dynastie zu sichern.

Ferdinand III. wurde nun der eigentliche Stammvater der habsburgischen Sekundogenitur in der Toskana, die mit Unterbrechungen bis 1859 regierte. In den Französischen Revolutionskriegen versuchte er Neutralität zu bewahren, um Invasionen zu vermeiden. Als dennoch 1799 französische Truppen in Florenz einbrachen, wurden sie nur von einer kleinen Zahl Republikaner willkommen geheißen – die habsburgische Herrschaft war beliebt und die Folgen der Französischen Revolution gefürchtet.

Der Großherzog musste fliehen; der für die Französische Revolution typische Freiheitsbaum wurde gepflanzt und eine provisorische französische Regierung rief eine „Etrurische Republik" aus. Die große Masse des Volkes aber war vom vollkommen areligiösen Charakter des neuen Regimes entsetzt und eine Konterrevolution, die von Papst Pius VIII., dem Klerus und den Anhängern des Großherzogs geschürt wurde, brach in Arezzo aus. Ganz im Unterschied zu anderen italienischen Ländern zogen Banden von bewaffneten Bauern mit dem Ausruf „Viva Maria!" durch das Land, vertrieben die Franzosen und rächten sich an den Besatzern.

Nunmehr wurde mithilfe der Österreicher der Unordnung ein Ende gesetzt, Florenz besetzt und eine Regierung im Namen des abwesenden Großherzogs gebildet. Aber schon im Oktober 1800, nach dem Sieg Napoleons bei Marengo, kehrten die Franzosen mit einem großen Heer zurück.

Die aufrührerischen Bauern wurden – nicht ohne dass Gräueltaten begangen und Kirchen geplündert wurden – zerstreut und Florenz erneut besetzt. Jetzt war es Joachim Murat (der spätere König von Neapel), der Schwager Napoleons, der eine provisorische Regierung veranlasste.

Im Frieden von Lunéville (1801) musste die habsburgische Sekundogenitur wieder auf die Toskana verzichten. Großherzog Ferdinand wurde zunächst mit dem Herzogtum Salzburg und später mit dem neu geschaffenen Großherzogtum Würzburg entschädigt.

Napoleon übergab 1801 den spanischen Bourbonen, mit denen er kurzfristig verbündet war, die Toskana und ernannte Ludwig I. zum „König von Etrurien".

Es entbehrt nicht einer gewissen Pikanterie der Geschichte, dass Ludwig I. ein Cousin des vertriebenen Großherzogs war. Er war ein Enkel Maria Theresias und Sohn Herzog Ferdinands von Parma und seiner Gattin Erzherzogin Maria Amalia von Österreich (siehe hierzu auch das Kapitel „Maria Amalia und der Mönch", S. 113–18), der nunmehr von Napoleon als neuer König eingesetzt worden war.

Nachdem Ludwig schon 1803 verstorben war, führte seine Gemahlin, Maria Luisa von Spanien, für seinen minderjährigen Sohn Karl II. von Parma die Regentschaft. Allerdings hatten sich die politischen Verhältnisse 1807 schon wieder gewendet: Die Königin-Regentin Maria Luisa musste auf französischen Druck hin abdanken und ging mit ihrem Sohn nach Spanien. Die Toskana wurde nun Teil des Französischen Kaiserreiches und Napoleons Schwester, Elisa Baciocchi, wurde als Generalgouverneurin, die ehrenhalber den Titel „Großherzogin von Toskana" führen durfte, eingesetzt.

Bei Elisa war es Napoleon nicht gelungen, sie „standesgemäß" zu verheiraten. Ihr Mann, Félix Baciocchi, war ein verarmter korsischer Adeliger und ein wenig begabter Offizier im Dienste Napoleons. Dieser wollte sie ursprünglich nach Korsika abschieben, jedoch erreichte Elisa die Versetzung ihres Mannes nach Paris, wo sie Gastgeberin bedeutender Persönlichkeiten aus der Literatur und der Kunst – zum Beispiel Jacques-Louis Davids – wurde. Sie erreichte es schließlich, zur Erbprinzessin von Piombino – von Napoleons Gnaden! – zu werden, während ihr Mann zum Fürsten von Lucca ernannt wurde. In Lucca übrigens leitete sie eine Reihe von Maßnahmen in die Wege; so ließ sie Straßen bauen und Sümpfe trockenlegen, förderte die Zucht von Seidenraupen und reformierte Justiz und Polizei. Die Marmorgruben in Carrara nutzte sie gewinnbringend.

Der italienische Geiger, Gitarrist und Komponist Niccolò Paganini wurde von ihr (wie später auch von Marie Louise, der früheren französischen Kaiserin) gefördert; sie ernannte ihn zum „Ehrenkapitän" in der Musikkapelle ihres Hofes.

Napoleon, dem man nicht absprechen kann, zahlreiche durchaus moderne Reformen eingeführt zu haben, bedurfte dieser in der Toskana nicht.

Ferdinand III. (1769–1824), Großherzog der Toskana (Joseph Dorffmeister, Öl, 1797)

Die wesentlichen Neuerungen waren schon von Pietro Leopoldo verfügt worden.

Als Napoleon im Mai 1814 nach Elba verbannt wurde, begrüßte man die Rückkehr der Habsburger; umso mehr, weil sich Ferdinand III. weder an den zahlreichen Kollaborateuren im Adel noch an Sympathisanten Napoleons im Bürgertum rächte.

Leopold II., Jugendbildnis (Unbekannter Künstler, Öl, 2. Hälfte 18. Jh.)

Er betrieb erneut eine gemäßigte liberalkonservative Politik, die sich vorteilhaft von der Reaktion in anderen Staaten abhob. Auch sein Sohn und Nachfolger, Leopold II., blieb dieser Linie treu.

Eine seiner besonderen Leistungen war die Trockenlegung der Maremma-Sümpfe, die eine Brutstätte für die Malaria waren, an der sein Vater, Ferdinand III., gestorben war. Der Berater Leopolds, Graf Fossombroni, erarbeitete Pläne zur Anlage eines Kanalsystems zur Ableitung des Flusswassers und Rückführung des gereinigten Wassers in die Region. 1830 war der Entwässerungskanal fertiggestellt und ein wesentlicher Teil der Trockenlegung der Sümpfe, vor allem auch für die landwirtschaftliche Nutzung, sichergestellt.

Eine besondere Rolle spielte damals Giovanni Baldasseroni, späterer toskanischer Ministerpräsident, der sich vor allem als Finanzfachmann einen guten Namen gemacht hatte. Er war einerseits diplomatisch äußerst geschmeidig, andererseits aber seinem Herzog treu. Nachdem er von der kurzfristigen republikanischen Regierung 1848 gestürzt worden war, setzte er bereits im Sommer 1850 die so genannten toskanischen Septembergesetze durch, durch welche die Verfassung auf unbestimmte Zeit suspendiert und die Pressefreiheit eingeschränkt wurde. Baldasseroni war streng und gewissenhaft und seine Tüchtigkeit im Finanzfach kam der Toskana zugute. Die Toskana wurde in der ersten Hälfte des 19. Jahrhunderts zu einem der wichtigsten intellektuellen und kulturellen Zentren Italiens. Auch in den Jahren 1847/48 verfolgte Leopold die Linie seines Vaters. Erst die radikale Revolution von 1849, die die Monarchie zeitweilig abgeschafft hatte, änderte dies grundlegend. Die Toskana erhielt eine starke österreichische Militärbesatzung.

Kaiser Franz Joseph (1830–1916) im Alter von 21 Jahren (Johann Ranzi, Öl, 1851)

Nach seiner Thronbesteigung musste der junge Kaiser Franz Joseph 1848 die Revolutionen und Aufstände im Osten und Süden seines Reiches bekämpfen und eine härtere und konsequentere Linie einschlagen. Dies galt auch für die Toskana. Für liberale Reformen war in dieser Zeit kein Platz.

Obwohl sich alles wieder beruhigte, war das Ende der österreichischen Herrschaft nahe. Die Niederlage Österreichs von Solferino durch die verbündeten Truppen Napoleons III. und Victor Emanuels II. von Savoyen beendete die Regierung der Habsburger. Auch die Abdankung Leopolds II.

zugunsten seines Sohnes Ferdinand IV. am 21. Juli 1859 änderte daran nichts. 1860 wurde die Toskana an das Königreich Sardinien-Piemont angeschlossen. Zwischen 1861 und 1870 – bis zur Einnahme Roms durch Piemont Italien und das Haus Savoyen – war Florenz Hauptstadt des Königreichs Italien.

Resümierend ist festzuhalten, dass nach dem Niedergang der Medici-Herrschaft es vor allem das Verdienst Pietro Leopoldos, aber auch Ferdinands III. und Leopolds II. war, dass Florenz zum Musterstaat Italiens – das 1861 als konstitutionell-parlamentarische Demokratie gegründet worden war – wurde und die Bedeutung dieser Wiege der Renaissance auch im Barock und der beginnenden Neuzeit erhalten blieb.

Dass Florenz – zwar nicht mehr unter den Habsburgern, sondern unter dem Haus Savoyen – durch fast ein Dezennium hindurch Hauptstadt Italiens war, war für die Stadt sicherlich ein Höhepunkt, dessen Grundlagen die zukunftsweisende Politik der Habsburger gelegt hatte.

Giovanni Baldasseroni, unter anderem Ministerpräsident der Toskana, war ein treuer Gefolgsmann Leopolds II., Großherzog der Toskana und Erzherzog von Österreich. Im Bild eine Gedenktafel an der Villa Baldasseroni in Montespertoli, auf der unter anderem von einem Urteil Camillo Benso von Cavours, Ministerpräsident von Sardinien, zu lesen ist, der Baldasseroni als erfahrenen Verwalter und fähigen Staatsmann charakterisierte.

Venedig: Blick auf Dogenpalast und Markuskirche, Sitz und Symbol venezianischer Herrscher

Francesco I. Sforza (1401–1466), der Gründer der Sforza-Dynastie in Mailand, und seine Gemahlin Bianca Maria Visconti (1425–1468) (Bonifacio Bembo, Tempera, 2. Hälfte 15. Jh.)

Mailand und das Lombardo-Venezianische Königreich – ein Überblick

Am 9. Juni 1815 wurde auf dem Wiener Kongress das Königreich Lombardo-Venezien geschaffen. Es war etwa halb so groß wie das heutige Österreich und hatte schon damals über fünf Millionen Einwohner.

Kaiser Diokletian machte Mailand 286 n. Chr. zur Hauptstadt der weströmischen Reichshälfte. 27 Jahre später wurde das „Mailänder Toleranzedikt“ verkündet, in dem die regierenden römischen Kaiser Konstantin I. (der Große) und Licinius den Christen Glaubensfreiheit zusicherten.

In den folgenden Jahrhunderten eroberten und zerstörten Westgoten, Hunnen, Ostgoten und Langobarden die Stadt, bis diese unter Kaiser Karl dem Großen nach dem Sieg über die Langobarden 774 zum Frankenreich kam. 400 Jahre später war es Kaiser Friedrich I. Barbarossa, der gegen die lombardischen Städte zog, die sich teilweise gegen das Reich gestellt hatten, und Mailand 1162 größtenteils zerstörte.

Der erste von Kaiser Wenzel 1395 ernannte Herzog von Mailand war Gian Galeazzo Visconti. Visconti hatte sich diese Ernennung gegen die Zahlung von 100.000 Florin erkauft. Vorher hatte er den Mitherrscher, seinen Onkel Bernabò, vergiften lassen.

Das Herzogtum bestand damals aus den blühendsten lombardischen Städten, in welchen die Visconti teils durch Fehden, teils durch Begünstigung der Bürger und des Kaisers, die höchste Macht erhalten hatten.

Als die Familie 1447 erlosch, gelang es Francesco Sforza, einem der berühmtesten Condottieri, Bianca Maria zu heiraten, die einzige (illegitime) Tochter des letzten Visconti – Filippo Maria – und das Land für sich und seine Familie zu gewinnen.

In der Folge erhob der französische König Ludwig XII. Ansprüche auf das Herzogtum. Nach seinem Sieg über die Schweizer 1515 in der Schlacht bei Marignano kam Mailand schließlich an seinen Nachfolger König Franz I. von Frankreich.

In den darauffolgenden Auseinandersetzungen drehte sich das Rad der Geschichte weiter: Kaiser Karl V. besiegte in der Schlacht bei Pavia am 24. Februar 1525 – am Tag seines 25. Geburtstages – Franz I. von Frank-

Parade österreichischer Truppen vor Feldmarschall Radetzky bei Medole vor Mailand (Angelo Inganni, Öl, 1833)

Johann Josef Wenzel Graf Radetzky (1766–1858), einer der bedeutendsten Heerführer Österreichs (Georg Decker, Öl, um 1850)

reich. Mailand fiel an das Haus Habsburg, wo es mit Unterbrechungen bis 1859 verblieb.

Nach dem Spanischen Erbfolgekrieg, der in seiner weltumspannenden Auseinandersetzung Europa und Übersee erschütterte, wurden Mailand und die Lombardei im Frieden von Rastatt 1714 den österreichischen Habsburgern zugesprochen. Mantua, das schon 1708 an Habsburg gekommen war, wurde mit Mailand vereinigt.

Venedig hingegen wurde erst 1797, nach dem Frieden von Campo Formio, der österreichischen Monarchie einverleibt und später ebenfalls dem Lombardo-Venetianischen Königreich zugeordnet.

Mit Ausnahme des napoleonischen Zwischenspiels zwischen 1805 bis 1815 war Mailand bei der Gründung des Königreichs im Jahre 1815 schon mehr als 300 Jahre in habsburgischem Besitz, in dem es noch mehr als ein halbes Jahrhundert bleiben sollte. Die Amtssprachen waren Italienisch und Deutsch.

Nach der österreichischen Niederlage bei Solferino im Juni 1859 musste die Lombardei im Frieden von Villafranca bei Verona an das Königreich Sardinien abgetreten werden. Venedig kam erst sieben Jahre später, nämlich 1866, an das Königreich Italien.

Die österreichische Verwaltung hatte, im Vergleich mit den übrigen Gebieten der Monarchie, mit unterschiedlichen sozialen und politischen Strukturen, vor allem aber mit der nationalen Bewegung des Risorgimento zu kämpfen.

Rudolf IV. (1339–1365 in Mailand), genannt der Stifter, war der einflussreichste Habsburger des 14. Jahrhunderts (Unbekannter Künstler, Öl, um 1365)

Am 17. März 1848 brachen in Mailand und Venedig Volksaufstände aus, in die das Königreich Sardinien eingriff.

Kurzfristig wurden die Österreicher aus Mailand vertrieben. Bereits einige Monate später jedoch, im Sommer 1848, konnte Feldmarschall Radetzky Mailand wieder erobern, wobei der zunehmende Nationalismus die österreichische Verwaltung vor immer größere Probleme stellte. Dessen ungeachtet ist auch heute noch in Mailand die Erinnerung an die Gesetzestreue der österreichischen Verwaltung und die Genauigkeit mit der sich, wenn auch oft langsam und behäbig, die kaiserlichen Beamten der einzelnen Probleme annahmen, in guter Erinnerung.

Erzherzöge, Könige und Kaiser in der Lombardei

Schon bevor Mailand und die Lombardei auf Dauer zu Österreich gekommen waren, gab es zwischen den Herrschern Mailands und Habsburgs verwandtschaftliche Beziehungen. Auf Vermittlung des genialen und stets strategisch denkenden Rudolf IV., dem Stifter, heiratete Herzog Leopold III. 1365 Viridis Visconti, die Tochter Bernabòs, des Herren von Mailand. Dieser war in zahlreiche Konflikte mit dem Papst verwickelt und auf der Suche nach Verbündeten im Heiligen Römischen Reich.

Jakob Burckhardt schrieb über Bernabò Visconti: „In Bernabò meldet sich ganz unverkennbar eine Familienähnlichkeit mit den schrecklichsten römischen Imperatoren. Der wichtigste Staatszweck ist die Eberjagd des Fürsten. Wer ihm darein greift, wird martervoll hingerichtet. Das zitternde Volk muss ihm 5.000 Jagdhunde füttern, unter der schärfsten Verantwortlichkeit für deren Wohlbefinden. Die Steuern werden mit allen denkbaren Zwangsmitteln emporgetrieben, sieben Töchter mit 100.000 Goldgulden ausgestattet und ein enormer Schatz gesammelt."

Bernabòs' Mutter war eine Tochter von Mastino II. della Scala von Verona. Enge Verwandtschaften bestanden auch zu den Gonzagas von Mantua, die später eng mit Habsburg verbunden waren.

Wenn auch Bernabò nunmehr der unmittelbare Vorfahre aller nachfolgenden Habsburger werden sollte, wurden erfreulicherweise die von Burckhardt so harsch kommentierten typischen Eigenschaften des Visconti nicht vererbt. Die Habsburger regierten meist maßvoll und persönlich bescheiden und neigten, wenn es denn nicht die Kriege zum Schutz oder zur Mehrung des Reiches verlangten, weder dazu, die Bevölkerung durch Steuern zu erdrücken, noch die Menschen zur Finanzierung ihrer eigenen Prunksucht auszuplündern. Sie vergrößerten mit geradezu schwäbischer Tüchtigkeit ihr Reich, wussten aber, dass dieses auf Dauer nur dann Bestand hatte, wenn die Regeln ihrer Herrschaft, soweit es möglich war, eingehalten wurden. Wohlstand und Sicherheit der Bevölkerung waren dabei ihr Hauptaugenmerk. Die Sicherheit wurde von außen in dieser Zeit vor allem durch die Franzosen, aber auch schon durch die Türken gefährdet.

Nachdem die Viscontis in Mailand von den Sforzas abgelöst wurden, war es wieder eine mailändische Prinzessin, die nach Österreich heiratete: Bianca Sforza, die Tochter des Herzogs Galeazzo Maria Sforza und seiner zweiten Gemahlin Bona von Savoyen, ehelichte den römisch-deutschen Kaiser Maximilian I., „den letzten Ritter".

Ihr Onkel Ludovico setzte eine Mitgift von 400.000 Dukaten und weitere 40.000 in Juwelen aus, um dem Kaiser die unstandesgemäße Ehe schmackhaft zu machen.

Maximilian benötigte die Mitgift für seine militärischen Unternehmungen und verwendete sie auch dafür. Er schätzte zwar die Schönheit Biancas und meinte, sie sei nicht weniger schön als seine erste Frau Maria von Burgund; besondere Zuneigung brachte er ihr aber nicht entgegen. In seinen

Augen war sie zu ungebildet, zu geschwätzig, zu naiv und zu verschwenderisch; außerdem gebar sie ihm keine Kinder!

Manche meinten jedoch, dass Bianca – nicht ohne eine gewisse Verschwendungssucht – die feine italienische Lebensart nach Tirol, dem Land im Gebirge, brachte.

Ob dies auch die bodenständigen Tiroler schätzten, muss an dieser Stelle dahingestellt bleiben ...

Nachdem Maximilians Enkel, Kaiser Karl V., über Franz I. von Frankreich 1525 gesiegt hatte, fiel auch Mailand an die spanische Linie des Hauses Habsburg. Mit Karl II. starben die spanischen Habsburger aus und es begann der Spanische Erbfolgekrieg. Im bereits angesprochenen Frieden von Rastatt, der den Krieg 1714 beendete, wurden Mailand und Mantua auch formell den österreichischen Habsburgern zugesprochen.

80 Jahre später eroberte Napoleon die Lombardei. Mailand wurde kurzfristig zur Hauptstadt der Cisalpinischen Republik und nach Ende der Besatzung durch Napoleon auf dem Wiener Kongress, erweitert um Venetien, Österreich zugesprochen.

Kaiser Franz I. war nun auch König von Lombardo-Venetien und ließ das neue Königreich von Vizekönigen regieren.

Einer der bedeutendsten war Erzherzog Rainer, der Bruder des Kaisers, der 1818 Vizekönig von Lombardo-Venetien wurde. Er hatte dieses Amt bis zur Revolution 1848 inne. Rainer besuchte unaufhörlich das Königreich, das er abwechselnd von Mailand und Venedig aus regierte.

Zu Beginn seiner Regierung fand er ein wirtschaftlich darniederliegendes Land vor. Es kam zur Einführung eines neuen Münzsystems, die Industrie wurde ausgeweitet und damit stiegen auch die Einkünfte des Staates an. Das Verkehrssystem wurde erfolgreich entwickelt. Venedig erhielt den Status eines Freihafens und der Vizekönig legte den Grundstein für die Eisenbahnlinie Venedig–Mailand. Als passionierter Botaniker unterhielt er in seiner Sommerresidenz Monza einen vielbeachteten Garten.

Die Frau des Vizekönigs, Prinzessin Elisabeth, aus dem Hause Savoyen-Carignan, die er 1820 in Prag geheiratet hatte, unterstützte ihn tatkräftig bei der Errichtung von Kleinkinderbewahrungsanstalten, Waisen- und Armenhäusern und Krankenanstalten.

Wenn auch das österreichisch-metternichsche Regierungssystem die Aufgaben Rainers beschränkte, so verhinderte sein Einfluss doch, dass allzu hohe Steuern die Landbevölkerung in Armut und Auswanderung trieben.

In der ersten Hälfte des 19. Jahrhunderts mehrten sich die Bemühungen italienischer Nationalisten, alle italienischen Staaten in einem Reich zusammenzuführen. 1848 kam es in Mailand zum so genannten Fünf-Tage-Aufstand gegen die österreichische Herrschaft. In revolutionären Zeiten schwirren immer allerlei Ideen herum: So liegt der Auszug eines so genannten „demokratischen Volksblatts" vor, mit dem Namen „Der jüngste Tag", das 1848 erschienen sein dürfte (siehe Seite 73). Leider fehlt ein Datum. Vielleicht war es auch nur eine Flugschrift. Jedenfalls kann man Folgendes lesen:

> „Kaiser Ferdinand, konstitutioneller König von Italien. Das lombardisch-venetianische Königreich unabhängig von Österreich.
>
> Die wichtigste Nachricht dieses Tages ist wohl die, dass eine Bekanntmachung über die künftige Gestaltung des lombardisch-venetianischen Königreichs ehestens veröffentlicht werden soll. – In dieser Bekanntmachung wird angezeigt, dass Österreich, den Vorschlägen der englisch-französischen Vermittlung beistimmend, das lombardisch-venetianische Königreich ganz unabhängig von Österreich erkläre; Kaiser Ferdinand aber bleibe ein konstitutioneller König. Es bestehe eine Nationalversammlung, Freiheit der Presse, Nationalgarden; das Heer besteht aus Italienern im Verhältnis zur Bevölkerung; die österreichischen Truppen räumen das Land und die Festungen kommen an die italienischen Truppen. Die Versammlung wähle unter den Erzherzogen Ernst und Sigmund, Söhnen von Rainer, den, der ihr besser gefällt, zum Vizekönig, der 6 Monate in Mailand und 6 in Venedig residiert; 25 Millionen jährliche Apanage; der König sei verpflichtet, jährlich einmal seine lombardischen Staaten zu besuchen; wenn Österreich Krieg habe, so stelle die Lombardei ein bewaffnetes Kontingent; sei sie von einer fremden Invasion bedroht, so stelle Österreich 100.000 Mann zu ihrer Vertheidigung; Verwaltungen, Finanzen, Jurisdiktion, seien ganz italienisch, alle Ämter mit Italienern zu besetzen.
>
> Somit wäre dieser unselige Krieg, in dem 1000de unserer Brüder verbluteten, beendet und ein freies Italien würde uns die Hand zum festen Freundschaftsbunde reichen, denn nur ein souveränes Volk kann sich achten, kann sich lieben und gegen Tyrannen wechselseitig schützen."

Das Ganze wurde von einem gewissen L. Peschke verantwortet.

Interessant an diesem Aufruf ist, dass auch aus der Sicht von sichtlich revolutionär denkenden Intellektuellen und Journalisten ein Habsburger König sein und eine Verbindung mit Österreich konstitutionell bestehen sollte.

Kaiser Ferdinand I., gesundheitlich angeschlagen – er war Epileptiker – und der einzige Sohn Franz I., trat jedoch Ende 1848 zurück.

Der junge Franz Joseph wurde in der Folge der strahlende Hoffnungsträger des Reiches. Karl Friedrich Graf Vitzthum von Eckstädt, damals sächsischer Legationssekretär in Wien, schrieb in seinen „politischen Privatbriefen" am 5. Dezember 1848, drei Tage nach der Thronbesteigung des jungen Kaisers: „Franz Josef stützt sich auf eine Armee, welche preußische

Liebe Leserinnen und Leser!

Durch ein bedauerliches Versehen wurde in der Stammfolge auf S. 42 Margarete von Österreich/ Parma als „*Tochter König Karls V.*" bezeichnet anstatt als „*Tochter Kaiser Karls V.*".

In der Stammfolge auf S. 51 müssen die Lebensdaten Kaiser Ferdinands I. *1503–1564* lauten und nicht, wie fälschlicherweise abgedruckt, *1395–1440*.

Wir bitten unsere Leserinnen und Leser, dieses Versehen zu entschuldigen.

Graz, November 2016

Ferdinand I. in ungarischer Adjustierung mit Ordensschmuck (Unbekannter Künstler, Öl, zirka 1830)

1848/49

Der jüngste Tag,

demokratisches Volksblatt.

№ Verantwortlicher Redacteur L. Peschke, Mitredacteur C. Krayll. 7

Kaiser Ferdinand, konstitutioneller König von Italien. Das lombardisch - venetianische Königreich unabhängig von Oesterreich.

Die wichtigste Nachricht dieses Tages ist wohl die, daß eine Bekanntmachung über die künftige Gestaltung des lombardisch - venetianischen Königreichs ehestens veröffentlicht werden soll. — In dieser Bekanntmachung wird angezeigt, daß Oesterreich, den Vorschlägen der englisch - französischen Vermittlung beistimmend, das lombardisch-venetianische Königreich ganz unabhängig von Oesterreich erkläre; Kaiser Ferdinand aber bleibe ein konstitutioneller König. Es bestehe eine Nationalversammlung, Freiheit der Presse, Nationalgarden; das Heer besteht aus Italienern im Verhältniß zur Bevölkerung; die österreichischen Truppen räumen das Land und die Festungen kommen an die italienischen Truppen. Die Versamlung wähle unter den Erzherzogen Ernst und Sigmund Söhnen von Rainer, den, der ihr besser gefällt, zum Vizekönig, der 6 Monate in Mailand und 6 in Venedig residirt; 25 Millionen jährliche Apanage; der König sei verpflichtet, jährlich einmal seine lombardischen Staaten zu besuchen; wenn Oesterreich Krieg habe, so stelle die Lombardie ein bewaffnetes Kontingent; sei sie von einer fremden Invasion bedroht, so stelle Oesterreich 100,000 Mann zu ihrer Vertheidigung; Verwaltungen, Finanzen, Jurisdiktion, seien ganz italienisch, alle Aemter mit Italiener zu besetzen.

Somit wäre dieser unselige Krieg, in dem 1000de unserer Brüder verbluteten, beendet und ein freies Italien würde uns die Hand zum festen Freundschaftsbunde reichen, denn nun ein souveränes Volk kann sich achten, kann sich lieben und gegen Tyrannen wechselseitig schützen

Peschke.

Der jüngste Tag, *demokratisches Volksblatt*

Offiziere als die erste der Welt bezeichnen und in vier bis fünf Wochen bis 600.000 Streiter zählen wird. Die Feldmarschälle Radetzky und Windischgrätz haben sich bereits einen europäischen Ruf erworben und der Banus [Vizekönig] von Kroatien – zum Militär- und Zivilgouverneur gleichzeitig für Fiume und Dalmatien ernannt – sucht seinesgleichen unter den jüngeren Heerführern unserer Zeit." Das galt insbesondere auch für den 82-jährigen Feldmarschall Johann Joseph Wenzel Graf Radetzky; ein Mann, wie Vitzthum schreibt, „von Stahl und Eisen, dem es nichts verschlägt, 14 Stunden zu Pferde zu sitzen".

Nachdem die österreichischen Truppen vorerst durch das Königreich Sardinien-Piemont, das auf der Seite der Aufständischen in die Auseinandersetzungen eingriff, vertrieben werden konnten, siegte Radetzky 1848 bei Santa Lucia und Custozza und 1849 in den Schlachten bei Mortara und Novara und stellte die Ruhe wieder her. Neben zahlreichen, durchaus bedeutenden Offizieren stand Radetzky vor allem Feldmarschallleutnant Konstantin Baron d'Aspre zur Seite. In einer zeitgenössischen Darstellung lesen wir: „Bei dem Aufstand in Oberitalien im März 1848 suchte sich d'Aspre mit Radetzky zu vereinigen und rückte, als dieser die Offensive am unteren Mincio begonnen hatte, am 28. Mai in Mantua ein. Nach der Besetzung von Vicenza am 10. Juni bildete d'Aspre mit dem zweiten Armeecorps den rechten Flügel der in der Nacht vom 22. auf den 23. Juni um Verona concentrirten Armee, an deren Erfolgen in den Schlachten und Gefechten von Sona, Sommacampagna, Custozza und Volta er wesentlichen Anteil nahm. Nachdem Mailand besetzt worden war, öffnete am 13. August Brescia d'Aspre die Tore. Am 15. März 1859 zum Feldzeugmeister ernannt, erwarb er sich in dem Feldzuge gegen Sardinien durch die Erstürmung von Mortara (21. März) sowie in der Schlacht bei Novara (23. März), wo er mit der Minderzahl fünf Stunden lang den Frontangriff des Feindes aushielt, neue Verdienste."

Zum Genie Radetzky gehörte es gerade auch, sich hervorragender Offiziere zu bedienen und eng mit ihnen zusammenzuarbeiten, ihnen entsprechende Freiheiten zu geben und gleichzeitig die Gesamtsituation nicht aus den Auge zu verlieren.

Nachdem die Situation befriedet worden war, wurde das Land durch Generalgouverneure regiert. Einer der wichtigsten war Erzherzog Maximilian von Österreich, der Bruder Kaiser Franz Josephs und spätere Kaiser von Mexiko. Maximilian wurde zwei Jahre nach seiner Ernennung zum Marineoberkommandanten zum Generalgouverneur bestellt. Zwei Jahre jünger als sein Bruder Franz Joseph, mit dem ihn trotz politischer Meinungsunterschiede ein herzliches Verhältnis verband, war er ein liberaler Romantiker. Unter seinen Verhaltensregeln, die er immer mit sich führte, war etwa zu lesen:

- „Nie ein unwahres Wort, selbst nicht aus Not und Eitelkeit.
- Freundlich mit allen.
- Gerechtigkeit in allem und jedem.
- Nie über Religion oder Autorität spotten.
- Nicht überschwänglich sein, sondern in allem Maß halten.
- Beim Beurteilen fremder Fehler an die eigenen denken."

Das sind nur einige Kernsätze seiner persönlichen Überzeugungen. Alle diese Eigenschaften machten ihn bei den Italienern beliebt, während die Irredentisten[1] – die italienischen Nationalisten – viel lieber einen „bösen Habsburger" gehabt hätten, um ihre revolutionären Vorstellungen begründen zu können.

Maximilians Sympathie für Italien gipfelte unter anderem darin, dass er schon 1855 beschloss, Schloss Miramare in Triest zu bauen, eine eigene Residenz zu errichten und auf dem umliegenden Areal einen (bis heute viel bewunderten) Park anzulegen. Die Herzlichkeit und das Bemühen, härtere Maßnahmen der Politik in Wien durch Güte, Verständnis und gewisse Korrekturen auszugleichen, sicherte ihm die Sympathie seiner Untertanen.

Dass Österreich nach der Niederlage im Sardinischen Krieg die Lombardei im Frieden von Villafranca 1859 abtreten musste, betrauerte er zutiefst. 1861 wurden Mailand und die Lombardei Teile des neu gebildeten Königreichs Italien.

Die Kraft des Risorgimento und des Nationalismus, die in der zweiten Hälfte des 19. Jahrhunderts immer stärker wurde, hatten gesiegt.

1 Der Begriff des Irredentismus steht vor allem für die italienisch-nationalistische Ideologie, deren Zielsetzung die Angliederung der nach der Einigung Italiens (1861) unter österreichischer Herrschaft verbliebenen italienisch besiedelten Gebiete Trentino und Triest war. Das beanspruchte Gebiet im Ausland wird (die) „Irredenta" – oder italienisch: „terre irredente" (das [noch] unbefreite Land, verlorene Land) – genannt.

Mantua – eine Insel von hohem strategischem Wert

Mantua ist nicht sehr groß, war aber von besonderem strategischem Wert. Die Stadt erinnert an eine Insel: Am südöstlichen Ende der Lombardei gelegen, speist der Fluss Mincio vier Seen, die im 12. Jahrhundert zur Verteidigung der Stadt angelegt wurden. Die herrschende Familie

Stadtpanorama von Mantua

waren die Gonzagas. Sie hießen ursprünglich Corradi und hatten zahlreiche Güter erworben, und zwar nicht nur im Mantuanischen, sondern auch in den Gebieten Brescia, Cremona, Reggio und Ferrara.

Der eigentliche Stammvater der Dynastie war Aloysius Gonzaga, der als Luigi I. (der Alte) als Stadtherr von Mantua in die Geschichte einging. Damit betrat sechzigjährig der eigentliche Stammvater der Dynastie die politische Bühne. Ein Mann mit wehendem Bart, kleinem Kinn und langer Nase, der noch 33 Jahre leben sollte. Luigi hatte vier Gemahlinnen, die vierte heiratete er 1340 im 73. Lebensjahr. Neben seinen Töchtern zeugte er 18 Söhne. Wahrlich ein gutes Fundament für eine Familie, die 400 Jahre herrschen sollte. Er starb 1360 im Alter von 93 Jahren!

Die Gonzagas – Stadtherren, später Markgrafen und Herzöge – regierten bis ins 18. Jahrhundert das Land.

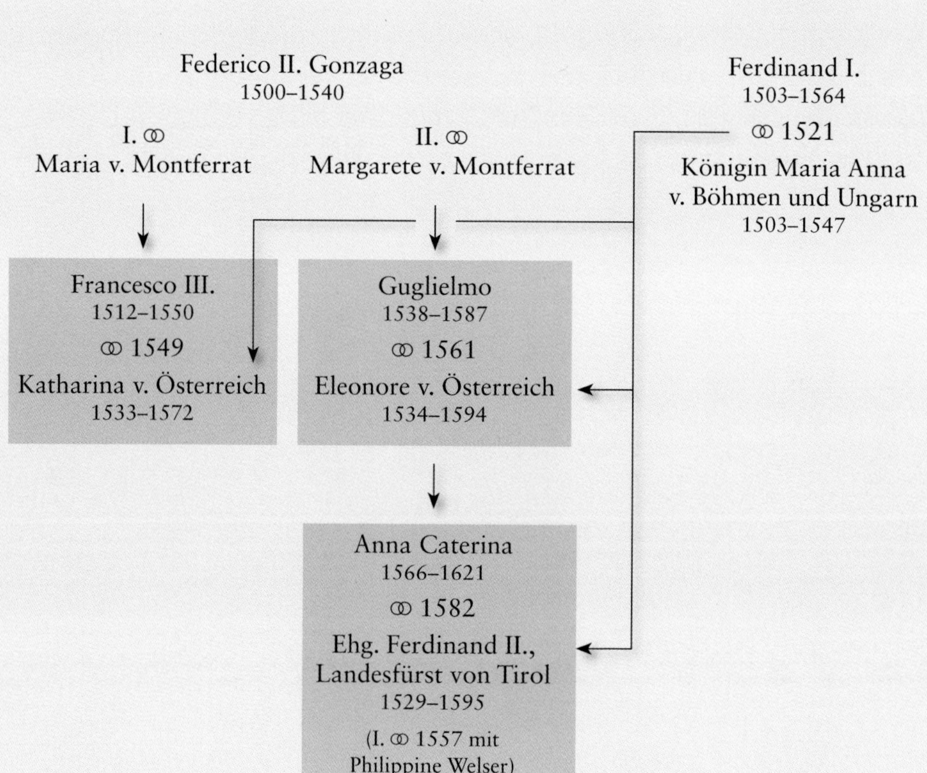
Stammfolge
Habsburg–Gonzaga I
16. Jhdt., Auszug
GONZAGA
HABSBURG
Federico II. Gonzaga
1500–1540
Ferdinand I.
1503–1564
⚭ 1521
Königin Maria Anna
v. Böhmen und Ungarn
1503–1547
I. ⚭
Maria v. Montferrat
II. ⚭
Margarete v. Montferrat
Francesco III.
1512–1550
⚭ 1549
Katharina v. Österreich
1533–1572
Guglielmo
1538–1587
⚭ 1561
Eleonore v. Österreich
1534–1594
Anna Caterina
1566–1621
⚭ 1582
Ehg. Ferdinand II.,
Landesfürst von Tirol
1529–1595
(I. ⚭ 1557 mit
Philippine Welser)

Überwiegend waren sie treue Gefolgsleute der habsburgischen Kaiser. Dies wurde von diesen auch entsprechend honoriert.

Mantua war für die römisch-deutschen Kaiser das Einfallstor nach Mittelitalien. Nachdem Kaiser Karl V. sein Weltreich geteilt hatte und Spanien und die Neue Welt an seinen Sohn Philipp II., das Heilige Römische Reich mit den habsburgischen Besitzungen aber an seinen Bruder Kaiser Ferdinand I. fiel, war dieser konsequent bemüht, sein Reich gegen Süden abzusichern. Instrument dafür war die bewährte Heiratspolitik. Von den 13 Kindern Kaiser Ferdinands I. heirateten nicht weniger als fünf nach Italien, davon drei Mitglieder der Familie Gonzaga. Doch damit nicht genug: Zwei mantuanische Prinzessinnen wurden später sogar Kaiserinnen an der Seite Ferdinands II. und Ferdinands III. Einerseits war dies eine hohe Ehre für die Gonzagas, andererseits wollte Habsburg Nägel mit Köpfen machen.

Aber auch die Gonzagas dachten voraus. Eine Reihe von ihnen heiratete in große Familien Frankreichs ein. Auf ihrer Stammliste begegnen uns Herzöge von Lothringen, von Clèves (Kleve) und von Orléans-Longueville. Es ist daher nicht verwunderlich, dass 1627, nach dem Aussterben der Hauptlinie der Gonzagas, ein Erbstreit zwischen Österreich und Frankreich ausbrach, der im Mantuanischen Erbfolgekrieg mündete.

Obwohl Kaiser Ferdinand II. mit Eleonora Gonzaga aus dem Hauptzweig der Familie verheiratet war, wollte er nicht den von Frankreich favorisierten Herzog von Nevers, Carlo I. Gonzaga – aus der älteren Nebenlinie –, sondern vielmehr Ferrante II. Gonzaga – aus der jüngeren Linie des Hauses – als Herzog belehnen. Grund hierfür war, dass die Markgrafschaft Montferrat zu diesem Zeitpunkt ebenfalls von den Gonzagas regiert wurde und dieses Gebiet in Piemont – zwischen Turin und Genua an der französischen Grenze – für den Kaiser von großer strategischer Bedeutung war. Montferrat war eine wichtige Bastion gegen die Ambitionen Ludwigs XIII. und vor allem seines schlauen ersten Ministers Kardinal Richelieu, die konsequent daran arbeiteten, den französischen Einfluss in Oberitalien zu Lasten Habsburgs zu stärken.

Kaiser Ferdinand II. konnte verständlicherweise nicht zustimmen, dass durch das Aussterben der Hauptlinie der Gonzagas das wichtige Herzogtum nunmehr unter französischen Einfluss geriet. Ferdinand erhoffte sich mit dem von ihm favorisierten Ferrante II. Gonzaga einen Fürsten, der dem Kaiserhaus, so wie es bei den Gonzagas seit Jahrhunderten der Fall gewesen war, treu und wohlgesinnt war.

Die militärischen Auseinandersetzungen, in die auch Spanien eingriff, verliefen ohne wirkliche Entscheidungen, sieht man einmal davon ab,

Carlo I. Gonzaga (1580–1637), Herzog von Nevers und Rethel sowie von Mantua und Montferrat, mit denen er von dem römisch-deutschen Kaiser Ferdinand II. belehnt worden war. (Unbekannter Künstler, Öl, 1620er-Jahre)

dass Mantua durch das Einschleppen der Pest im Juli 1630 zur Kapitulation gezwungen wurde. Die daraufhin einsetzenden schweren Plünderungen setzten der Stadt so zu, dass diese als „Sacco di Mantova" in die Geschichte eingingen.

Carlo I. Gonzaga, Herzog Karl von Nevers und Rethel, der Günstling der Franzosen, wurde letztlich zwar Regent und mit Montferrat und Mantua belehnt, verlor aber nach der Entvölkerung und Zerstörung seines Herzogtums fast die Hälfte von Montferrat an Savoyen. In der Folge war er zu schwach, um eine eigenständige Politik zu betreiben.

Ferdinand II. konnte sich nicht mehr wirklich auf Mantua konzentrieren, da das Eingreifen der Schweden von Ferdinand verlangte, sich dem nördlichen Kriegsschauplatz zuzuwenden. Mantua erschien dagegen unwichtig. Dieser Krieg dauerte zu diesem Zeitpunkt bereits mehr als zehn Jahre; Kaiser Ferdinand II. musste deshalb großes Interesse an einem schnellen Abzug seiner Truppen aus Oberitalien haben. Auf dem Regensburger Kurfürstentag gelang es ihm am 13. Oktober 1630, einen Friedensvertrag zur Beendigung des Mantuanischen Erbfolgekriegs mit der französischen Gesandtschaft auszuhandeln. Zwar konnte Richelieu König Ludwig XIII. von Frankreich davon überzeugen, den Vertrag nicht zu ratifizieren, dennoch kam es zu einem Ende der Kampfhandlungen.

Frankreich eröffnete sich damit die Möglichkeit, wieder in Oberitalien Fuß zu fassen. Der französische Einfluss wurde auch noch dadurch verstärkt, dass das mit Frankreich verbündete Savoyen, wie bereits erwähnt, zusätzliche Gebiete in Montferrat erhielt. Die Herzöge von Gonzaga-Nevers regierten in der Folge ein Dreivierteljahrhundert unter dem Einfluss der französischen Könige.

Ferdinand III. (1608–1657), römisch-deutscher Kaiser (Jan van den Hoecke, Öl, 1643)

Eleonora Gonzaga (1630–1686), dritte Gemahlin Kaiser Ferdinands III. (Frans Luycx, Öl, um 1650)

Um die Verbindung zwischen Habsburg und Gonzaga auch in der „französischen Zeit“ aufrechtzuerhalten, wurden weitere Verbindungen zwischen Habsburg und Gonzaga eingegangen, wobei die wichtigste wohl die Heirat zwischen Kaiser Ferdinand III. und Eleonora Gonzaga von Mantua-Nevers im Jahre 1651 war.

Nachdem es die politischen Verhältnisse möglich machten, setzte Kaiser Josef I. ein halbes Jahrhundert später kurzerhand den letzten Herzog von

Stammfolgen Habsburg–Gonzaga II

16./17. Jhdt., Auszug

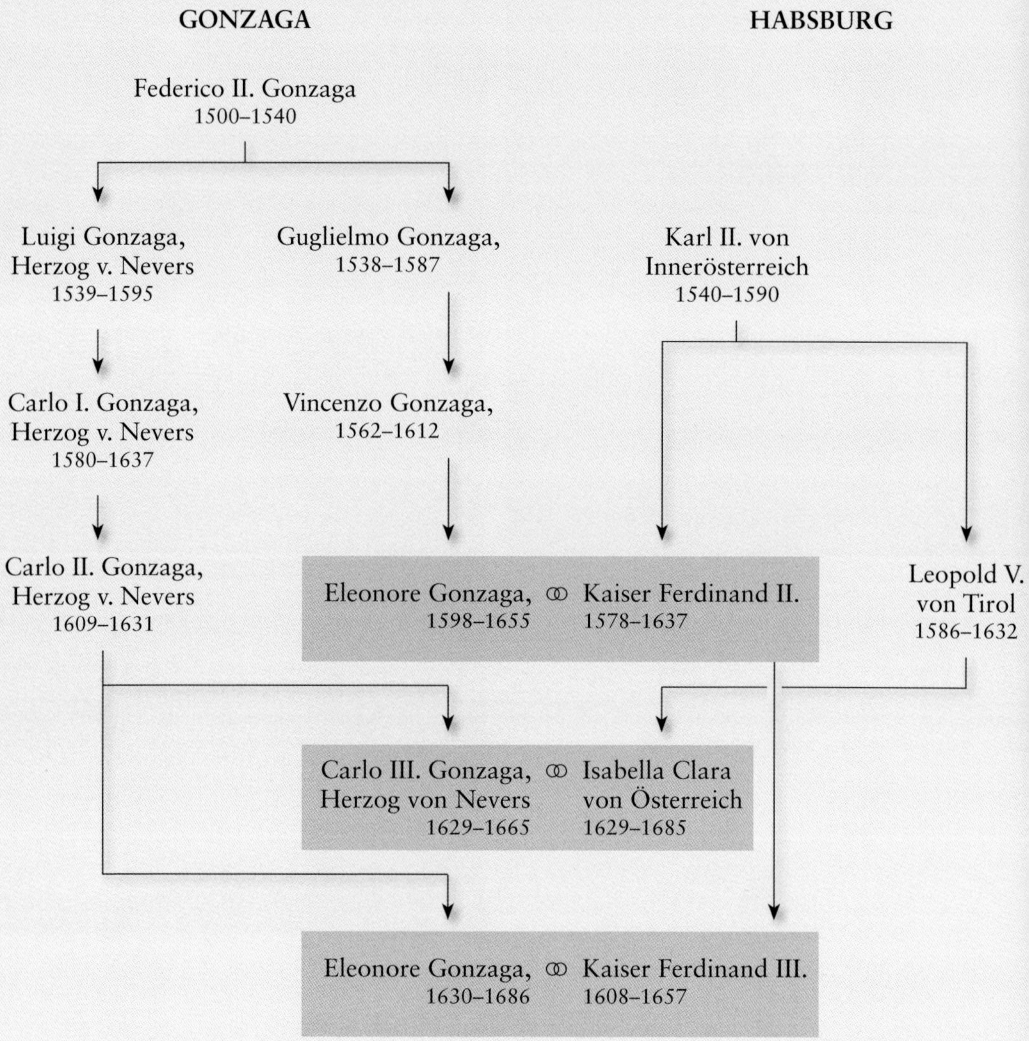

GONZAGA

HABSBURG

Federico II. Gonzaga
1500–1540

Luigi Gonzaga,
Herzog v. Nevers
1539–1595

Guglielmo Gonzaga,
1538–1587

Karl II. von
Innerösterreich
1540–1590

Carlo I. Gonzaga,
Herzog v. Nevers
1580–1637

Vincenzo Gonzaga,
1562–1612

Carlo II. Gonzaga,
Herzog v. Nevers
1609–1631

Eleonore Gonzaga, ⚭ Kaiser Ferdinand II.
1598–1655 1578–1637

Leopold V.
von Tirol
1586–1632

Carlo III. Gonzaga, ⚭ Isabella Clara
Herzog von Nevers von Österreich
1629–1665 1629–1685

Eleonore Gonzaga, ⚭ Kaiser Ferdinand III.
1630–1686 1608–1657

Gonzaga-Nevers, Ferdinando Carlo di Gonzaga-Nevers, ab und unterstellte Mantua 1708 wieder direkt der kaiserlichen Regierung.

1745 wurde die Stadt Bestandteil des habsburgischen Herzogtums Mailand und später des Lombardo-Venezianischen Königreichs.

Traurige Berühmtheit erhielt Mantua in der Napoleonischen Zeit, als 1810 der Führer der Tiroler Aufstandsbewegung, Andreas Hofer, in Mantua hingerichtet wurde. Aber darüber später mehr. Mantua kam erst 1866, als Folge des verlorenen Krieges gegen Preußen, zusammen mit Venetien zum Königreich Italien. Unter österreichischer Herrschaft war die Stadt Teil des oberitalienischen Festungsvierecks, das 1815 zur Verteidigung der österreichischen Besitzungen in Italien in den Orten Pesciera, Mantua, Legnago und Verona errichtet worden war und von Radetzky im Zuge der Aufstände der Jahre 1848/1849 militärisch bestens genutzt werden konnte.

Der römisch-deutsche Kaiser Josef I. setzte den letzten Herzog von Gonzaga-Nevers ab. (Christoph Weigel d. Ä., Kupferstich, 1703)

Venedig im 18. Jh.; von lks.: Zecca, Markusturm, Biblioteca Marciana, Piazzetta und Dogenpalast (Canaletto, Öl, 18. Jh.)

Modell eines Bucintoro, *des Staatsschiffs des Dogen, im Schifffahrtsmuseum von Venedig*

Die letzte Hochzeit: Venedig zwischen 1797 und 1866

„Spanisches Brot, Blätterteiggebäck, Sahne, Orangen und gesalzene Zunge. Kutteln, Leber, gekochte Kalbsfüße, Tauben, Kalbsbraten und Truthahn, Pudding, Käse, Äpfel, Spargel, Fenchel, Artischocken, Pflaumen, getrocknete Kastanien, Kuchen und Konfekt. Eine Flasche Muskateller und so viel Wein, wie man wollte." So liest sich das Festessen, das der Doge Ludovico Manin der Besatzung des Bucintoro[2] anlässlich seiner „Hochzeit mit dem Meere" 1796 spendete – es sollte die letzte Hochzeit werden!

Die Verbindung Venedigs mit dem Meer, die jedes Jahr am Himmelfahrtstag gefeiert wurde, geht auf die Befreiung dalmatinischer Küstenstädte von Piraten durch den Dogen Pietro II. Orseolo im Jahre 997 oder 1000 – darüber streiten sich die Historiker – zurück. Es war eine bedeutende staatliche Feier der Republik Venedig, die an die Seeherrschaft Venedigs erinnern sollte.

Bei der Vermählung mit dem Meer warf der Doge einen vom Bischof geweihten Ring ins Meer, das damit mit Venedig symbolisch verbunden werden sollte.

Ludovico Manin (1725–1802), der 120. und letzte Doge der Republik Venedig. Er regierte von 1789 bis zu seiner Abdankung im Jahre 1797, als er die Stadt an Napoleon Bonaparte übergab, womit die eigenständige Geschichte Venedigs endete. (Bernardino Castelli, Öl, 2. Hälfte 18. Jh.)

2 Der *Bucintoro*, eine Prunkbarke, war das Staatsschiff der Dogen von Venedig. Es handelte sich um eine prunkvoll ausgestattete venezianische Galeasse mit 168 Ruderern an 42 Rudern. Der 1728 gebaute Bucintoro maß 43,8 × 7,3 × 8,4 m. Erstmals erwähnt wurde ein Bucintoro 1253.

Venedig Anfang der 1640er-Jahre: Das Blatt erschien ursprünglich 1641 als Illustration in dem Werk De rebus publicis hanseaticis *in Merians Frankfurter Verlag. (Matthäus Merian d. Ä., Kupferstich, 1641)*

Der Bucintoro war ein prächtiges, goldverziertes, doppelstöckiges Ruderschiff, das den Dogen trug. 1796 fand seine letzte Ausfahrt statt. Ein Jahr später, am 12. Mai 1797, demissionierte Ludovico Manin, der letzte Doge, und der große Rat, die gesetzgebende Versammlung Venedigs, löste sich tumultartig auf. Es waren nicht die Türken, gegen die Venedig solange und so tapfer gekämpft hatte, sondern die Franzosen, die der alten Republik den Todesstoß gaben.

Der Mob wälzte sich – „Viva San Marco!" brüllend – plündernd und schießend durch die Straßen. Das Gold wurde vom Bucintoro heruntergerissen. Die napoleonischen Truppen rückten vier Tage später in die Stadt ein. Die Ära der tausendjährigen Republik war damit zu Ende.

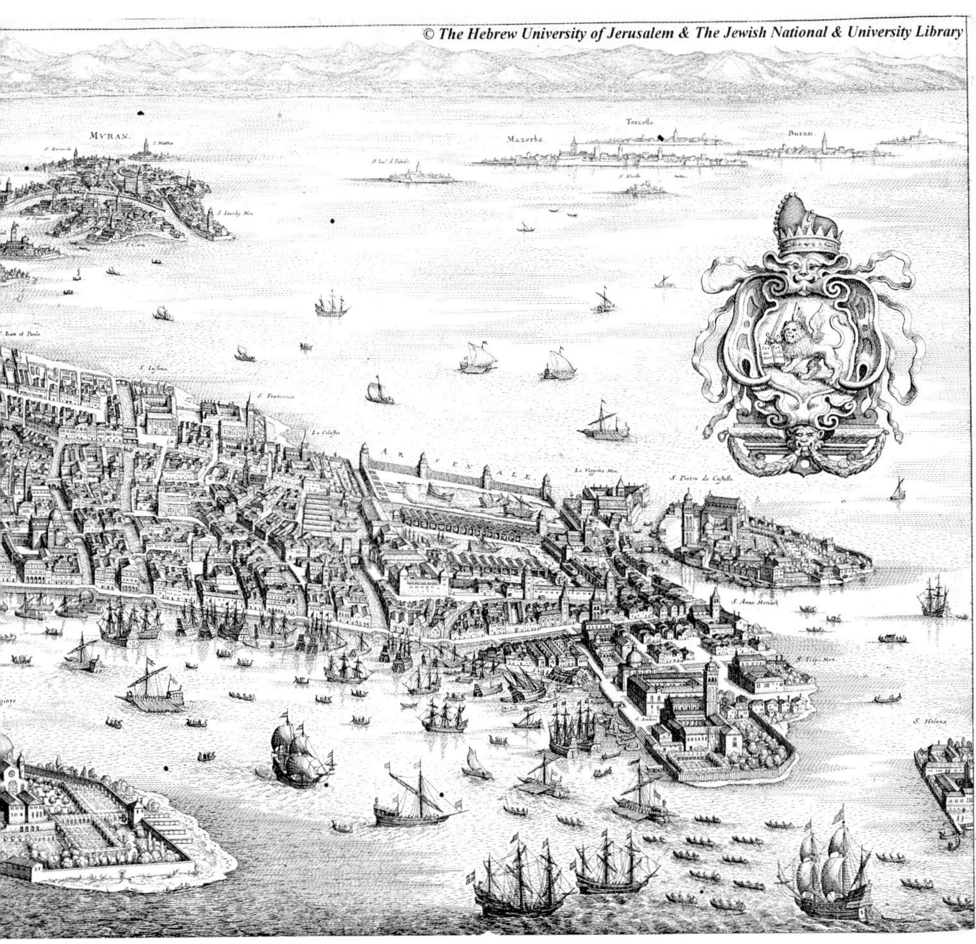

Die Bühne der europäischen Politik hatte Venedig 600 Jahre vorher betreten, als Papst Alexander III. und Friedrich Barbarossa ihren Streit um den Einfluss der Staufer in Italien und über die Beseitigung des Schismas 1177 im Frieden von Venedig unter der Ägide des Dogen Sebastiano Ziani[3] beilegen konnten. In den folgenden Jahrhunderten gelangte Venedig auf den Höhepunkt seiner Bedeutung als erste Macht im Mittelmeer. Diese Position ging erst durch die Entdeckung der Seewege durch die spanischen und portugiesischen Seefahrer im 15. und 16. Jahrhundert verloren, als Venedig seine Monopolstellung im Handel mit den fernöstlichen Ländern einbüßte.

3 Zum Schisma war es durch den Tod von Papst Hadrian IV. Anfang September 1159 gekommen. Die Wahlversammlung der Kardinäle war gespalten, sodass nach der Wahl Roland Bandinelli als Alexander III. für die „italienische" und Viktor IV. für die kaiserliche Seite das Papstamt beanspruchten. Alexander wurde von den meisten Kardinälen unterstützt, während Viktor vom römischen Volk zum Papst ausgerufen worden war.

Der Niedergang Venedigs erfolgte langsam, bis die Republik im 18. Jahrhundert innen und außen so schwach geworden war, dass sie dem Ansturm des französischen Heeres nichts mehr entgegensetzen konnte.

Die Beziehungen zum Heiligen Römischen Reich Deutscher Nation im 18. Jahrhundert waren unbelastet. Philip Longworth berichtet in seiner beachtenswerten Geschichte Venedigs[4] über den Staatsbesuch Kaiser Leopolds II. im Jahre 1791 und verweist ausdrücklich auf die herzlichen Beziehungen, die zwischen Österreich und Venedig herrschten. Eine Allianz ging Venedig mit Österreich aber trotz der Beschwörungen von Diplomaten und der Warnungen befreundeter Staatsmänner nicht ein. Auch als Frankreich immer radikaler wurde und die Gefahr einer Ausbreitung der Revolution wuchs, blieb Venedig bei seiner vorsichtigen Neutralität. Man fürchtete, dass Österreich Venedig annektieren würde, und beschloss, eine abwartende, neutrale Haltung beizubehalten. Die Seerepublik stellte zwar ein Machtvakuum dar, aber seine Regierung bedrohte niemanden und hoffte, auch von niemandem bedroht zu werden. Man gewährte sogar dem späteren französischen König Ludwig XVIII. eine Zeitlang Asyl, während man gleichzeitig Gesandtschaften mit der Französischen Revolutionsregierung austauschte.

Warnungen des venezianischen Geschäftsträgers in Basel, dass eine französische Invasion in Italien geplant sei, schlug man in den Wind. Die *Serenissima* war der Meinung, dass sich der Kampf zwischen Österreich und Frankreich im Rheinland abspielen würde und venezianisches Gebiet davon nicht betroffen wäre. Ein verhängnisvoller Irrtum, wie sich nur zu bald herausstellen sollte.

Nachdem Napoleon Venedig besetzt hatte, plünderten die Franzosen das „Arsenal" und entführten die vier Bronzepferde, die der Doge Enrico Dandolo nach dem Vierten Kreuzzug 1204 als Beute nach Venedig geschickt hatte. Nach der Niederlage Napoleons wurden sie von Kaiser Franz I. der Stadt wieder zurückgegeben.

Die Franzosen hatten auch die Marmorlöwen von ihren Säulen gestürzt und auf der Piazzetta einen Freiheitsbaum, das Symbol der Revolution, errichtet. Venedig war nun eine demokratische Stadt mit „vorläufiger Selbstverwaltung".

Nach dem Frieden von Campo Formio 1797 übergaben die Franzosen Venedig ein Jahr später – 1798 – an die Österreicher.

4 Aufstieg und Fall der Republik Venedig, Bergisch-Gladbach 1978.

Markusplatz in Venedig mit österreichischen Militärangehörigen (Rudolf von Alt, Öl, Mitte 19. Jh.)

Im Zuge der napoleonischen Kriege wurde 1805 Venedig zwar wieder Frankreich zugesprochen, kam dann aber zehn Jahre später, nach dem Wiener Kongress, endgültig zu Österreich. Die *Serenissima* wurde nun von Wien aus regiert.

Das kaiserliche Regime wurde von einem Vizekönig ausgeübt, der abwechselnd in Venedig und in Mailand residierte und dem Land eine gewisse Stabilität verlieh.

Durch die großen Kriegsschäden im Lombardo-Venezianischen Königreich wurden hohe Steuern erhoben, die für Venedig hart waren. Auch das Einsickern deutschen Einflusses in die Kultur Venedigs wurde vor allem von den gebildeten Venezianern nicht sehr geschätzt.

Trotz dieser kulturell begründeten Unzufriedenheit stabilisierte sich die Lage. Das Geldwesen war wieder sicher, Venedig war noch immer die Drehscheibe des Zollwesens für die *Terraferma*[5], die nun auch zu Österreich gehörte, und der Zugang zum großen österreichischen Markt stärkte die Wirtschaft.

Der österreichische Vizekönig, Erzherzog Rainer, ein Bruder Kaiser Franz I., sicherte der Stadt die Privilegien eines Freihafens, was zu einer starken und laufenden Belebung des Schiffsverkehrs führte.

Zwischen 1817 und 1850 stieg die Anzahl der hereinkommenden und hinausgehenden Schiffe um 15 Prozent. Die industrielle Produktion wuchs stetig und die Beschäftigungslage, die nach dem Sturz der Republik hoffnungslos gewesen war, besserte sich ebenfalls.

Die traditionellen Gewerbe, die Glaserzeugung, die Herstellung von Gold- und Silberwaren, Brokat, Spitzen, Samt, Lederwaren, Seifen, Spiegeln und Perlen aller Art, Keramik und Beleuchtungskörpern sowie die Zuckerindustrie erlebten einen ständigen Aufschwung.

Die erste Brücke zur Verbindung Venedigs mit dem Festland wurde gebaut und vor allem Vizekönig Erzherzog Rainer förderte die Eisenbahnverbindung Venedig–Vicenza im Jahr 1846, die sich als wichtiger Anreiz für die Wirtschaft erwies. „Rauch aus dem Schlot ringelte sich wie Opferdampf in die Lüfte und schien der Altar der Wellenbraut zu werden, die heute ihre jungfräuliche Hand dem Kontinente reicht“, berichtete blumig die „Deutsche Allgemeine Zeitung“ über die Eröffnung der Bahnlinie, die Venedig ab dem 11. Jänner 1846 mit dem Festland verband.

Die Abkömmlinge des alten Adels aber lebten in der Vergangenheit, befassten sich mit ihrer Genealogie, hielten, was sie ererbt hatten, in hohen Ehren und berauschten sich an den Erzählungen über die Herrlichkeit der vergangenen Republik.

Unter der Oberfläche des gemächlichen Lebens machte sich allerdings in den 1840er-Jahren allmählich eine immer stärkere Stimmung gegen die österreichische Regierung bemerkbar. Fremdherrschaft war zwar nichts Neues mehr und der venezianische Arbeiter war wohl auch nicht schlechter dran als früher, sondern eher besser. Nun aber gewannen nationalistische Ideen zunehmend an Raum.

Ein besonderer Vorfall kennzeichnete in dieser Zeit das aufgeheizte politische Klima in Venedig: Gerhard Tötschinger beschreibt in seinem Buch

5 ital. = Festland; amtlich „Domini di Terraferma“: Bezeichnung für jene Gebiete im östlichen Oberitalien, die von der Republik Venedig seit dem 15. Jahrhundert unterworfen worden waren.

„Mörderisches Venedig“ (2014) das Schicksal des österreichischen Arsenalkommandanten Martinovich, der mit unerbittlicher Korrektheit das, was er als Missstand erkannte, auch verfolgte. Anlass war, dass er den „Arsenalotti“, also den Arbeitern, die im Arsenal tätig waren, verbot, neben ihrer eigentlichen Arbeit ihre beruflichen Fähigkeiten auch privat, sozusagen im „Pfusch“, zu nutzen.

Nachdem diese Tätigkeiten aber das Einkommen nicht unwesentlich erhöhten und diesen nun abging, kam es zu folgendem Vorfall: „Am 21. März sind ab Mittag alle Tore des Arsenals von aufgebrachten Gruppen besetzt, die auf das Erscheinen des Direktors [Martinovich] warten. Am nächsten Morgen will Martinovich den Aufrührern die Stirn bieten. Er verlässt das Arsenal durch das Haupttor, die Werftarbeiter böse anblickend, ohne Begleitung. Die zu allem bereite Menge drängt auf ihn ein, er will sich in den Turm flüchten. Es ist zu spät – der Schmied Giovanni Conforti stößt ihm eine spitze Eisenstange in die Seite, Martinovich stürzt zu Boden, die Menge erschlägt ihn.“

Bluttaten wie diese heizten die revolutionäre Stimmung auf.

Daniele Manin, Verfechter der venezianischen Unabhängigkeit und nicht verwandt mit dem letzten Dogen, hatte eine Befreiungsbewegung, die sich am Stolz der alten Republik orientierte, gegründet.

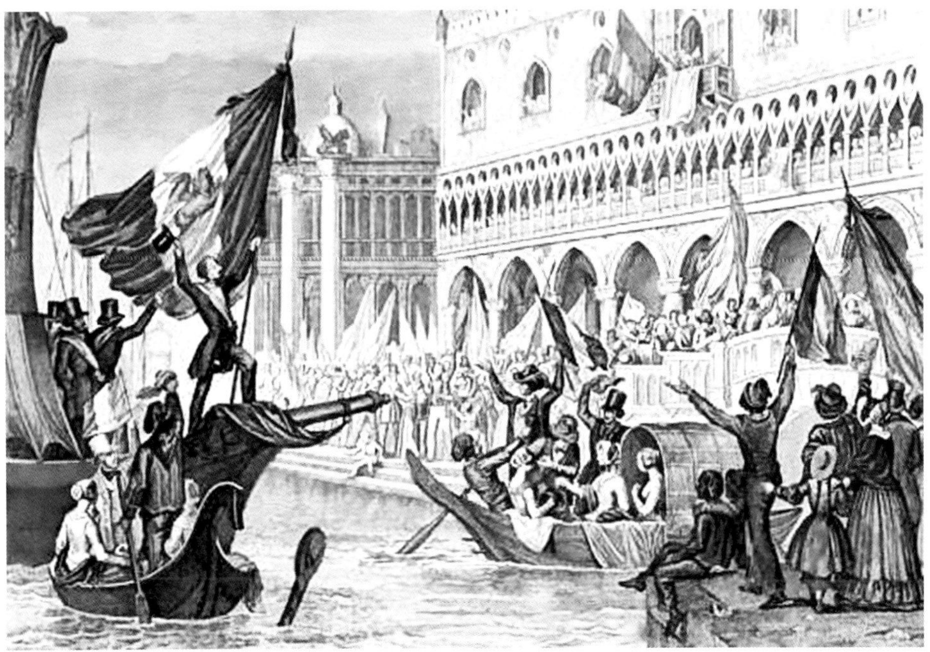

Die Proklamation der Republik von San Marco am 23. März 1848 (Nicola Sanesi, Lithographie, um 1850)

Dies blieb der österreichischen Regierung nicht verborgen und sie musste reagieren: Anfang des Jahres 1848 wurde Manin verhaftet, jedoch, als bekannt wurde, dass auch in Wien eine Revolution ausgebrochen war, vom österreichischen Gouverneur wieder freigelassen.

Es wurde eine Zivilgarde gebildet, die sich vorerst ruhig verhielt.

Erst als in Mailand die Aufstände begannen, gab Manin dem Druck seiner Gefolgsleute nach und ließ marschieren. Die Österreicher, denen es an Truppen fehlte, zogen kampflos ab und Venedig wurde unter Manin, der sich nunmehr Präsident nannte, kurzfristig wieder zur (neuen!) Republik von San Marco.

Vorerst war es gelungen, die Österreicher zu vertreiben, doch sehr bald drehte Radetzky den Spieß um. Mailand wurde wieder von den Österreichern genommen, den Venezianern gelang es jedoch, während die Revolution im übrigen Italien zusammenbrach, den Widerstand in der Lagunenstadt unter der Führung des zum Diktator avancierten Manin zu organisieren. Alles aber war umsonst.

Kaiserin Elisabeth von Österreich-Ungarn (1837–1898) (Franz Xaver Winterhalter, Öl, 1865)

Nachdem Österreich den ungarischen Aufstand niedergeschlagen hatte, wurde auch Venedig wieder in Besitz genommen. Die Aufständischen in der Lagune konnten sich aber fast eineinhalb Jahre gegen die österreichische Übermacht halten. Erst als Wien den Aufstand in Piemont niedergeschlagen hatte, konzentrierte es sich auf die Wiedereroberung Venedigs.

Von Mestre aus wurde Venedig 24 Tage lang mit Artillerie beschossen. Doch die Aufständischen hielten weiter ihre Stellungen. Erst als die Stadt von der Cholera heimgesucht wurde, mussten sie sich ergeben.

Der preußische König Wilhelm I., Bismarck und General Moltke beobachten eine der größten Umfassungsschlachten der Kriegsgeschichte: Am 3. Juli 1866 standen sich bei Königgrätz etwa 180.000 Österreicher und 200.000 Preußen gegenüber. Mit dem Sieg der preußischen Armee eröffnete sich der Weg für eine Reichseinigung unter preußischer Führung – ohne Österreich. (Georg Bleibtreu, Öl, nach 1869, Ausschnitt)

Gefecht zwischen k. k. Husaren und preußischen Kürassieren in der Schlacht von Königgrätz (Alexander von Bensa, Öl, 1866)

Wieder wehte die schwarz-gelbe Flagge der Habsburger von der Markuskirche. Ein Plan, Kaiser Franz Joseph bei seinem Besuch im Jahre 1852 in Venedig zu entführen, scheiterte.

Der liberale englische Schriftsteller John Ruskin merkte in diesem Zusammenhang an: „Ich konnte kein einziges Mal im Gespräch mit liberalen

Italienern einen eindeutigen Grund für ihre Unzufriedenheit mit der Wiener Regierung feststellen. Es gab nur viel allgemeines Murren und ein vages Missvergnügen, aber ich konnte niemals entdecken, was sie eigentlich wollten und wodurch sie sich beleidigt fühlten.“ Österreich tat alles, um die öffentliche Meinung überall zu beschwichtigen.

Als das Kaiserpaar Franz Joseph und Elisabeth 1857 in Venedig einen Staatsbesuch machte, waren alle Härten des Regimes längst beseitigt und der umgängliche Erzherzog Maximilian, Bruder des Kaisers, als Gouverneur eingesetzt.

Manin jedoch schrieb aus dem Exil: „Wir wollen nicht, dass Österreich sein Benehmen uns gegenüber ändert, wir wollen, dass es das Land verlässt.“ Man wolle keinen „guten“, sondern einen „harten Habsburger“, meinten die Intellektuellen.

Nach der Katastrophe von Königgrätz 1866, die Bismarck provozierte, um Österreich aus dem Deutschen Bund zu drängen, und trotz der Siege Admiral von Tegetthoffs zu See (Lissa) sowie Erzherzog Albrechts zu Land (Custozza), wurde Venedig an König Viktor Emanuel II. von Savoyen übergeben, unter dem sich das übrige Italien nach dem Krieg von 1859 vereinigt hatte. Die kaiserlichen Truppen räumten die Stadt und Venedig, einst stolze Republik, wurde nunmehr Sitz einer italienischen Präfektur.

Im Jahre 1997, am 200. Jahrestag des Endes der Republik, besetzten acht Männer den Glockenturm von San Marco und hissten die Kriegsflagge Venedigs, die den Heiligen Marcus mit Schwert zeigt. Die acht, als „Löwen“ oder *Serenissimi* bezeichneten Besetzer wurden zu Haftstrafen von bis zu sechs Jahren verurteilt, jedoch nach einem Jahr freigelassen.

Italien ging im 20. Jahrhundert härter mit seinen Dissidenten um, als dies das alte Österreich 150 Jahre zuvor getan hatte.

Wie sehr die Erinnerung an die großen Zeiten der Republik auch heute noch bei den Venezianern verankert ist, zeigt etwa das Ergebnis einer im März 2014 von privaten Organisatoren veranstalteten Umfrage, in der sich 2,1 Millionen Venezianer, Bürger der Stadt Venedig und der *Terraferma*, für die Unabhängigkeit Venetiens von Italien einsetzten. Eine tatsächliche Umsetzung dieses Wunsches ist aber, so versichern Experten, zumindest derzeit fern aller politischer Realität. Die Tendenz jedoch ist interessant und zeigt, dass trotz aller Versuche, Europa unter Ausblendung seiner zweitausendjährigen Geschichte zu einem Einheitsbrei aus Kulturen, Religionen und Rassen machen zu wollen, so leicht nicht ist, wie Politiker ganz bestimmter Ideologien vielleicht meinen.

Emilia-Romagna – ein Überblick

Im Herbst und Winter verhüllen die Nebel des Pos oft jenen Landstrich Italiens, der wie ein Riegel den Norden vom Süden trennt. Durchdringen die ersten Sonnenstrahlen dann das Nebelmeer, bietet sich uns die Emilia-Romagna dar, deren Landschaften und Städte sich wie eine Perlenreihe ost-westlich von der Adria bis ins Piemont und nord-südlich von der Lombardei und Venetien bis an die Grenze der Toskana erstrecken.

Ravenna, Parma, Modena, Ferrara und Bologna sind wichtige Wegmarkenfür den Besucher: Galla Placidia, die letzte weströmische Kaiserin und Theoderich, König der Ostgoten und Herrscher Italiens, grüßen aus Ravenna, der gefürchtete Condottiere Sigismondo Malatesta empfängt uns in Rimini. Die großen Renaissancefürsten der Este und Farnese heißen uns in Ferrara, Modena und Parma willkommen. Vor allem aber die Dynastien Habsburg und Bourbon, die die Geschichte Europas schrieben, begleiten uns auf unserer Reise. Der kulturell Interessierte erfreut sich an prachtvollen Bauten, wundervollen Gärten, großen Kunstsammlungen. Am bedeutendsten aber war Antonio Allegri aus Correggio, in der Nähe von Parma, der sich später nach seinem Geburtsort Correggio nannte.

Kasimir Edschmid verweist mit einem gewissen Bedauern auf die künstlerischen Heroen des Cinquecento, Leonardo, Michelangelo, Raffael und viele andere, die wohl Ursache dafür waren, dass sich zu seiner Zeit niemand um den Maler Antonio da Correggio kümmerte. Dieser jedoch ging ohne Aufsehen mit anmutiger Bescheidenheit durch seine Epoche, nicht ahnend, dass seine Werke später Hand in Hand mit den Namen der Berühmtheiten seines Zeitalters genannt werden würden.

Nur wenige Gegenden Italiens haben so eine Fülle verschiedenartigster Staatsmänner, Feldherren und Künstler hervorgebracht wie die Romagna. Konsul Marcus Aemilius Lepidus beauftragte vor rund 2200 Jahren den Bau der Via Emilia von Piacenza nach Rimini, die damit das Gebiet endgültig für das römische Imperium erschloss.

Die Römer erkannten sehr schnell, wie wichtig Infrastruktur, Straßen, Häfen, Kanäle waren, um die imperiale Macht zu festigen. Nicht nur zahlreiche römische Legionen marschierten im Gleichschritt ihren Eroberungen zu – Verkehr, Wirtschaft und Kultur entwickelten sich ebenso.

Provinzen und Metropolitanstadt der Emilia-Romagna (Rarelibra)

Die römischen Straßen waren so gut, dass meist zweirädrige Wagen auf tadellosem Untergrund, unterstützt durch eine ausgezeichnete Organisation von Pferdewechselplätzen, Rasthäusern, Poststationen, Kursbüchern und Sicherheitswachen, die längsten Distanzen in kürzester Zeit absolvieren konnten.

Cäsar brauchte zum Beispiel von Rom über Genua, die Seealpen entlang via Marseille bis in die Provence – das sind immerhin 1200 Kilometer – nur acht Tage!

Tiberius bewältigte manchmal sogar mehr als 300 Kilometer innerhalb von 24 Stunden! Auch der Emilia-Romagna brachten die Römer die Zivilisation.

Nach dem Ende des Weströmischen Reichs versuchte Byzanz mit dem Exarchat von Ravenna seinen Einfluss in den früheren Reichsgebieten, die sich längst der Oberhoheit Ostroms entzogen hatten, einigermaßen zu sichern. Vor allem die Langobarden drängten nach Italien, bis Pippin der Kurze, der Sohn Karl Martells und Vater Karls des Großen, kam. Er besiegte den langobardischen König Aistulf und schenkte die Romagna zusammen mit der Mark Ancona 755 der Kirche. Ein Vertrag darüber existiert

Cesare Borgia (um 1475–1507), Herzog von Valentinois (Unbekannter Künstler, Öl, um 1500)

allerdings nicht. Das Land war jedoch weiterhin zwischen Päpsten und Kaisern umstritten.

500 Jahre später erschien Rudolf von Habsburg, erster deutscher König dieser Dynastie, und schloss mit Papst Nikolaus III. im Jahre 1278 ein Konkordat, wonach nunmehr eindeutig die Romagna den Päpsten zufiel.

Diese verfügten sich jedoch nach Avignon und versuchten von dort mit mäßigem Erfolg im Kirchenstaat den päpstlichen Einfluss zu erhalten.

Es war schließlich der vielgescholtene Cesare Borgia, der die Situation bereinigte. Er war Sohn des großen – auch viel gescholtenen – Papstes Alexander VI. und es gelang ihm im 16. Jahrhundert, die meisten Fürsten der Romagna zu beseitigen, um eine eigene Dynastie zu begründen.

Es war sein Verdienst, dass dieser Teil Italiens zum Kern des Kirchenstaats wurde, da auch nach dem Tode seines Vaters die Päpste die Politik Cesares weiterführten und letztlich von seinen Feldzügen profitierten.

Von da an wurden die Emilia-Romagna und ihre Städte von päpstlichen Legaten in Konkurrenz mit einheimischen Fürsten und Condottieri verwaltet. Die Bedeutung des Hauses Habsburg durch das oben geschilderte Konkordat König Rudolfs I. war, ähnlich wie das der Bourbonen, manchmal stärker, manchmal schwächer.

Bis in die Mitte des 18. Jahrhunderts, also zu der Zeit Maria Theresias und Kaiser Franz I., wechselte der Einfluss beider Dynastien in der Romagna. Erst das *Renversement*, die Umkehrung der Bündnisse in den 50er-Jahren des 18. Jahrhunderts, als Habsburg und Bourbon beschlossen zusammenzugehen, stabilisierte letztlich den Einfluss der beiden Dynastien bis zur Einigung Italiens 1861.

Das Wirken der Habsburger und Bourbonen, Frankreichs, Spaniens, Österreichs und des Heiligen Römischen Reiches hat dieser Region jene europäischen Wurzeln gegeben, die heute noch spürbar sind.

Die Geschichte der Emilia-Romagna ist vielfältig und würde Bücher füllen. Wir aber wollen uns im Folgenden vor allem mit jenen Habsburgern beschäftigen, die zwischen Maria-Theresia, der Einigung Italiens und letztlich der Kriegserklärung Italiens an Österreich-Ungarn ihre Spuren in der Region hinterließen.

Parma – ein Herzstück Italiens

„Don Camillo und Peppone“ sind jene Figuren, an die viele Reisende heute denken, wenn sie sich in der Poebene Richtung Parma bewegen. Giovanni Guareschi gelang es in nie wiederholter Form, diese beiden Männer, der eine Pfarrer, der andere kommunistischer Bürgermeister, meisterhaft zu zeichnen. Die ständigen, stets humorvoll vorgebrachten Zwistigkeiten zwischen dem streitbaren Pfarrer und dem überzeugten Kommunisten entbehrten nie der Menschlichkeit. Die Liebenswürdigkeit, die letztlich die Lebensfreude immer über die Politik siegen ließ, ist heute noch Kennzeichen jenes alten Landes, in dem sich die Weltgeschichte von Zeit zu Zeit ein Stelldichein gab.

Im Norden von Mailand, im Nordosten von Venetien, im Südwesten vom Kirchenstaat und im Süden von der Toskana begrenzt, stellt Parma ein Herzstück Italiens dar.

Konsul Markus Aemilius Lepidus, den wir schon in unserem Kapitel über die Emilia-Romagna trafen, gründete die Stadt 184 v. Chr.

Wie in der gesamten Region waren es auch in Parma Langobarden, Franken, die Päpste und die Herren von Mailand, die Farnese, die Bourbonen, kurzfristig auch Napoleon und zuletzt die Habsburger, die ihre Spuren hinterließen.

Paul III. Farnese, der 1534–1549 als Papst residierte, trennte Parma von Mailand ab und errichtete das Herzogtum für seinen illegitimen, später ermordeten Sohn Pier Luigi Farnese. Die Schwester des Papstes, die schöne Giulia Farnese, war die langjährige Geliebte des Borgia-Papstes Alexander VI. und bewirkte bei diesem, dass ihr Bruder Alessandro schon in jungen Jahren Kardinal wurde. Viele Jahre später wurde er dann als Paul III. zum Papst gewählt.

Nur angemerkt sei hier, dass auch eine andere bedeutende Geliebte Alexanders VI. aus Parma gekommen sein soll: Vannozza de Cattanei, unter anderem Mutter von Cesare und Lucrezia Borgia.

Der Nachfolger Pier Luigi Farneses, Herzog Ottavio Farnese, festigte die Herrschaft seiner Familie und konnte 1556 Piacenza mit Parma zusammenfügen.

Die Farnese waren ein italienisches Fürstenhaus, das Ende des 11. Jahrhunderts urkundlich erwähnt wurde. Sie herrschten beinahe 200 Jahre, bevor die Bourbonen kamen.

Von einigen Ausnahmen abgesehen, waren sie Ghibellinen und damit kaisertreu und standen schon Jahrhunderte zuvor in der Gunst des großen Stauferkaisers Friedrich II., der Parma stets voll Sympathie behandelte.

Der wohl berühmteste Sohn dieser Dynastie, der Urenkel von Paul III., hieß ebenfalls Alessandro und sollte der dritte Herzog von Parma werden. Mit ihm begann auch der Einfluss des Hauses Habsburg in Parma. Alessandros Mutter war nämlich Margarete von Parma, eine außereheliche Tochter Kaiser Karls V. und Johanna van der Gheynst, der Tochter des

Porträt von Don Juan d'Austria (Ritter Johann von Österreich; 1547–1578), einem außerehelichen Sohn Karls V. Er war Befehlshaber der spanischen Flotte und Statthalter der habsburgischen Niederlande. (Alonso Sánchez Coello, Öl, 1567)

Die Schlacht von Lepanto (1571): Oberbefehlshaber auf Seiten der Heiligen Liga war Don Juan d'Austria; er war maßgeblich daran beteiligt, dass der Mythos von den unbesiegbaren Osmanen gebrochen werden konnte. (Unbekannter Künstler, Öl, Ende des 16. Jh.)

Teppichwirkers Gilles van der Gheynst und seiner Gattin Johanna van der Coye. Karl V. erkannte Margarete 1529 offiziell als seine Tochter an.

Margarete war die Halbschwester von Don Juan d'Austria (Johann von Österreich), des großen Seehelden, der 1571 die Türken bei Lepanto schlug.

Ihr Halbbruder Don Juan stammte aus der Verbindung Karls V. mit der schönen Regensburger Bürgertochter Barbara Blomberg.

In erster Ehe war Margarete, wie wir schon hörten, mit Alessandro Medici, dem Herzog von Florenz, verheiratet, der einige Monate nach der Hochzeit ermordet wurde. Kurzfristig führte sie als seine Nachfolgerin die Regierung in Florenz.

Hier ist eine Erklärung angebracht: Uneheliche Kinder, die es oft zu bedeutenden Leistungen in der Geschichte brachten, wurden früher „Bas-

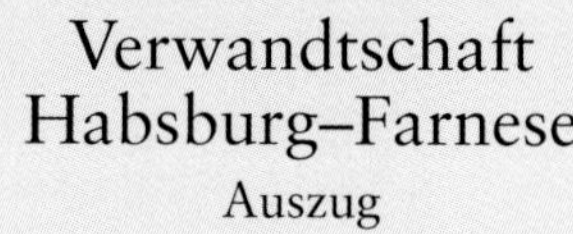

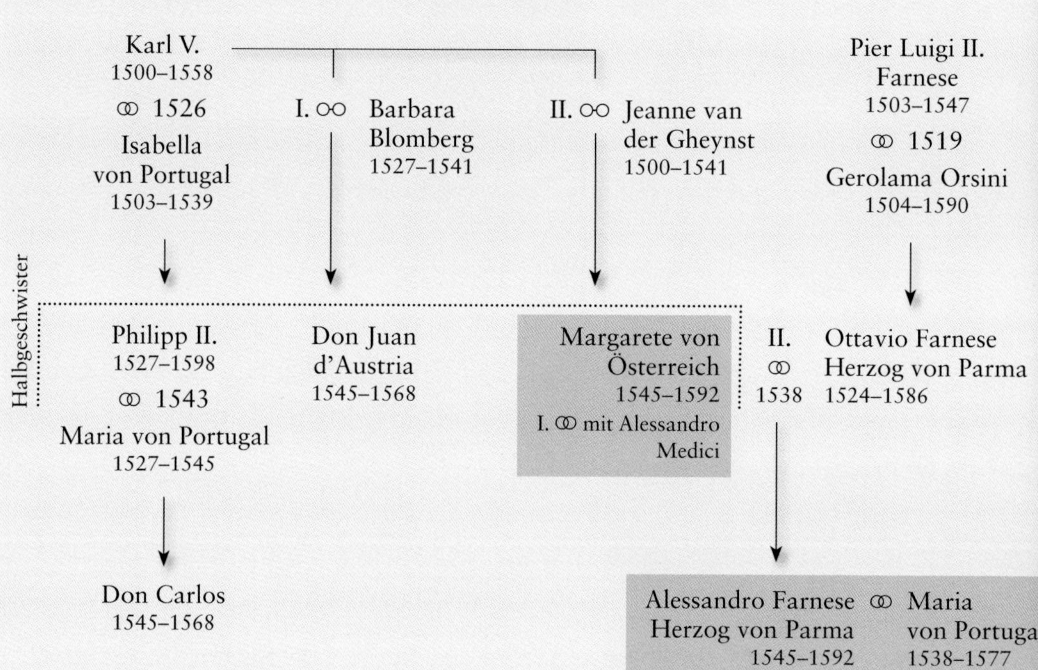

tarde" genannt. Manchmal wird dieses Wort immer noch als Schimpfwort verwendet. Dies völlig zu Unrecht: „Bastarde" waren eine Institution in einer Epoche, in der alles möglich und alles gefährlich war, und dienten häufig als Stütze der Macht und zur Sicherung der regierenden Familien. Sie waren in Augenblicken der Gefahr Säulen der Regenten, mit denen sie den Staat stützten. Sie waren darüber hinaus aber auch die feinen Instrumente, mit denen man in die Politik eindrang und Bindungen anknüpfte.

Je mehr „Bastarde" für Eheschließungen zur Verfügung standen, umso größer waren die Chancen, das Netz der dynastischen Verbindungen zu knüpfen und zu erweitern. Päpste, Kaiser, Fürsten nutzten ihre „Bastarde" zur Verwirklichung ihrer Pläne.

In der Renaissance und im Barock gab es gegen illegitime Sprossen weder Vorurteile noch Geringschätzung. „Bastarde" waren kein Betriebsunfall, sondern eine Einrichtung.

Sowohl bei Don Juan d'Austria wie auch bei Alessandro Farnese mischte sich das Blut der bereits mehr als 250 Jahre regierenden Dynastie der Habsburger fruchtbar mit jenem der bürgerlichen Mütter beider Persönlichkeiten.

Zurück aber zu Margarete von Parma: Nach dem Zwischenspiel in Florenz heiratete sie in zweiter Ehe Ottavio Farnese, den Herzog von Parma. Ottavio bekämpfte zunächst mit Karl V. die Piraten von Tunis, stellte aber später dem französischen König seine militärischen Dienste zur Verfügung. Es kam zu einem Konflikt mit dem Kaiser, der unter der Bedingung beigelegt wurde, dass Margaretes und Ottavios Sohn, Alessandro Farnese, als Zeichen für die politische Zuverlässigkeit seines Vaters am spanischen Königshof erzogen werde.

Sehr bald wurden die großen Fähigkeiten Margaretes erkannt und sie wurde zur Statthalterin der Niederlande bestellt. Ihre größte Herausforderung in den Niederlanden bestand darin, sich mit der adeligen Opposition unter der Führung Wilhelm von Oraniens auseinanderzusetzen. Ihre Aufgabe war dadurch erschwert, dass sie alles versuchte, um die Einführung der Inquisition nach spanischem Modell zu verhindern. Gleichzeitig war sie bestrebt, gegenüber den Protestanten eine einigermaßen tolerante Einstellung walten zu lassen. Dies brachte sie immer wieder in Gegensatz zur harten Politik gegen die Ketzer, die ihr Halbbruder Philipp II. für richtig hielt.

Die militärische Unterwerfung der Opposition durch den spanischen Herzog von Alba wurde von Margarete nicht unterstützt und ihr Rücktritt als Statthalterin schien ihr die einzig mögliche Lösung zu sein.

Ihr folgte ihr Halbbruder Don Juan d'Austria und nach dessen Tod 1578 ihr Sohn Alessandro Farnese als Statthalter der Niederlande nach. Alessandro, der, wie wir wissen, einen Teil seiner Jugend in Spanien verbracht hatte, war zu dieser Zeit auch mit dem Konflikt zwischen Don Carlos und seinem Vater, Philipp II., den Schiller so dramatisch, wenn auch historisch völlig falsch, beschrieb, konfrontiert. Er ließ sich jedoch von Don Carlos nicht beeinflussen. Alessandro Farneses Loyalität galt seinem Onkel Philipp II., der ihm zu Recht in jeder Weise sein Vertrauen schenkte.

Alessandro entwickelte sich, ähnlich wie sein zweiter Onkel, Don Juan d'Austria, zu einem herausragenden Feldherrn. Im 80-jährigen Krieg zwischen Spanien und den Niederlanden erwarb er sich große militärische Ver-

Alessandro Farnese (1545–1592) gehörte dem in Parma und Piacenza regierenden herzoglichen Hause Farnese an und war ein bedeutender italienischer Feldherr und Diplomat in spanischen Diensten. (Otto van Veen, Öl, 2. Hälfte 16. Jh.)

dienste, vor allem in der Schlacht von Gemblours 1578, und folgte seinem Onkel Don Juan d'Austria als Generalgouverneur der Niederlande nach.

Alessandros Tapferkeit war legendär. Glaubt man der Historie, so gewährte ihm besonders der Angriff fester Städte größtes Vergnügen. Mit Gleichmut durchwanderte er, allen Gefahren trotzend, die Laufgräben und Batterien, um seine Befehle zu geben. Als er während der Belagerung von Oudenarde 1582 mit anderen Generalen auf der Batterie speiste und eine Kanonenkugel drei nahe stehende Offiziere tötete und einen verwundete, blieb er ruhig sitzen, befahl die Toten hinwegzuschaffen, ihm aber ein frisches Tischtuch und neue Speisen zu bringen.

Alessandro hatte damals als Gegner Wilhelm I. von Oranien, dem er nicht nur als Militär, sondern auch als Diplomat und Politiker ebenbürtig war.

Als typischer Renaissancefürst – in der Wahl seiner Mittel nicht zimperlich – erkannte er die Zwietracht seiner Gegner, Katholiken und Protestanten, Flamen und Wallonen, und nutzte sie für seine Zwecke aus. Trefflicher Vorwand war vor allem die Unzufriedenheit des katholischen Adels im Süden der Niederlande.

In der Union von Arras im Januar 1559 sicherte Alessandro sich und seinem König schließlich die Unterstützung der katholischen Edelleute in den Südprovinzen der Niederlande. Während sich der überwiegend protestantische Norden in der Utrechter Union zusammenschloss, ging Farnese daran, Stadt um Stadt der Union zurückzuerobern.

Farneses Meisterstück war die Eroberung von Antwerpen: Zuerst wurde der Zugang der Stadt von der Seeseite her abgeschnitten und dann eine Bootsbrücke über die Schelde – und das im Jahr 1584! – gebaut. Am 15. August 1585 konnte Antwerpen schließlich erobert werden.

Der französische König Ludwig XV. (1710–1774), der aus der Sicht des Volkes vom „Vielgeliebten" zum „Ungeliebten" herabsank. Bis heute ist er vor allem wegen seiner Beziehung mit Madame de Pompadour, seiner extravaganten Mätresse, bekannt. (Hyacinthe Rigaud, Öl, 1730)

Lediglich Holland und Seeland trotzten dem weiteren spanischen Vormarsch. Einerseits wegen ihrer geographischen Lage – ein Zugang war nur über Wasser möglich –, andererseits durch den Mut und die Erfahrung ihrer seefahrenden Bevölkerung und zuletzt auch durch die Hilfe, die Königin Elisabeth I. von England den Holländern gewährte.

Nach dem Tod seines Vaters Herzog Ottavio im Jahre 1586 wollte Alessandro sein Herzogtum Parma und Piacenza in Besitz nehmen. Philipp II. aber konnte seinen Wunsch nicht erfüllen, da Alessandro in den Niederlanden unersetzbar war. Der König erteilte ihm auch nicht die Erlaubnis, die spanisch-niederländische Armee zur Eroberung Englands einzusetzen, was Farnese vorgeschlagen hatte. Vielleicht ein verhängnisvoller Fehler, denn zwei Jahre später, 1588, fand dennoch der Versuch statt, England mit der spanischen Armada zu erobern. Ein Versuch, der kläglich scheiterte. Diese Niederlage markierte den Wendepunkt des spanischen Supremats über Europa.

Philipp II. beorderte seinen Feldherrn nunmehr nach Frankreich, um die unterdrückten Katholiken in den Hugenottenkriegen zu unterstützen. Dies war notwendig geworden, da nach der Ermordung Heinrichs III., des letzten Valois, sein Schwager Heinrich IV. von Navarra, der die Interessen der Hugenotten vertrat, französischer König geworden war.

In Arras beschloss der große Heerführer, Diplomat und Politiker 1592 schließlich sein durch viele Erfolge gekröntes Leben. 1731, nicht ganz 150 Jahre später, starb die männliche Linie des Hauses Farnese aus.

Elisabetta Farnese, die Nichte und Erbin des letzten kinderlosen Herzogs Antonio Farnese, spielte noch eine bedeutende Rolle in der Geschichte. Sie war die Gemahlin Philipps V. von Spanien und wurde die Stammmutter aller spanischen Bourbonenkönige. Ihr Bestreben, die früher spanisch-habsburgischen Besitzungen ihrer Familie – vor allem aber Parma und Piacenza –, ihrem ältesten Sohn Karl, dem späteren Karl III. von Spanien, zu sichern, waren erfolgreich.

Der zweite Sohn Elisabettas war Herzog Philipp von Bourbon-Parma, der eine Tochter Ludwigs XV., Louise Elisabeth von Frankreich, heiratete. 1748, nach Ende des Österreichischen Erbfolgekrieges, wurde Philipp Herzog von Parma.

In den 50er-Jahren des 18. Jahrhundert stand die Umkehrung der Bündnisse, das *Renversement*, auf der politischen Tagesordnung. Die beiden wichtigsten Dynastien in Europa, Habsburg und Bourbon, einigten sich nunmehr darauf, nicht mehr gegeneinander, sondern gemeinsam vorzugehen. Es gelang dem Staatskanzler Maria Theresias, Fürst Kaunitz (mithilfe von Madame Pompadour!), das Frankreich Ludwigs XV. als Verbündeten zu gewinnen und damit die Beendigung einer jahrhundertelang andauernden Gegnerschaft zu erreichen.

Eine meisterhafte diplomatische Leistung, die indes, wie so vieles, durch die Französische Revolution zunichte gemacht wurde. Das Bündnis dauerte bis zum Ende der Regierung der Bourbonen im 19. Jahrhundert.

Jeanne-Antoinette Poisson, kurz Madame de Pompadour (1721–1764), eine der wohl berühmtesten Mätressen am französischen Hof. Auf sie geht der Ausspruch „Nach uns die Sintflut!" zurück. Anlass war die verlorene Schlacht bei Roßbach, nach der sie sich entschieden gegen einen Friedensschluss mit Preußen wehrte. (Jean-Marc Nattier, Öl, 1748)

In seinem Gefolge setzte nun ein Hochzeitsreigen zwischen Bourbon und Habsburg ein, der ähnlich intensiv war wie unter den Kaisern Friedrich III. und Maximilian I. (man erinnere sich: „... tu felix Austria nube" – Burgund, Spanien, Böhmen, Ungarn etc.). Nun wurden die Töchter Maria Theresias und Franz I. für das Bündnis eingesetzt:

Marie Antoinette heiratete den Dauphin und späteren Ludwig XVI.; ihr trauriges Schicksal darf als bekannt vorausgesetzt werden.

Maria Carolina wurde mit Ferdinand I., dem König von Sizilien, vermählt (seine Schwester Maria Ludovika, heiratete wiederum Kaiser Leopold II. – Pietro Leopoldo).

Auch Parma spielte eine Rolle im Hochzeitsstakkato jener Zeit: Maria Amalia, eine weitere Tochter Maria Theresias, wurde Gemahlin des Herzogs Ferdinand von Parma. Dessen Schwester Isabella heiratete den Thronfolger des Hauses Österreich und späteren Kaiser Joseph II. Isabellas Liebreiz und ihre Bildung überstiegen bei Weitem das Maß durchschnitt-

Kaiser Karl I. von Österreich (Karl IV. von Ungarn) im Jahre 1917, der letzte Kaiser von Österreich. (Wilhelm Victor Krausz, Öl, 1917)

licher Prinzessinnen jener Zeit. Ihre vielen guten Eigenschaften halfen ihr jedoch nicht, der Tragik ihres Lebens zu entkommen. Nach Napoleon und dem Wiener Kongress war es schließlich Marie Louise, die Herzogin von Parma wurde.

Der früheren französischen Kaiserin und Tochter Kaiser Franz II. war ebenfalls ein bewegtes Leben bestimmt, wie wir in der Folge erfahren werden. Alle diese Verbindungen stärkten die Achse Habsburg–Bourbon.

Das Herzogtum Parma ging 1860 im Königreich Sardinien-Piemont auf und wurde nach der Einigung Italiens 1870/71 Bestandteil des neuen Staates. Robert I., Herzog von Parma, ging 1859, nach der verlorenen Schlacht

Zweiter und letzter Restaurationsversuch Kaiser Karls in Ungarn. Das Bild zeigt den Kaiser beim Abschreiten der Ehrenkompanie am Bahnhof in Ödenburg am 21. Oktober 1921. Rechts hinter ihm Kaiserin Zita.

von Solferino, ins Exil. Seine Tochter, die spätere Kaiserin Zita, war die letzte große Regentin aus dem Hause Bourbon.

Als Gemahlin Kaiser Karls I., der 1916, mitten im Ersten Weltkrieg, an die Regierung gekommen war, beschäftigte sie sich intensiv mit der schwierigen Situation der Österreichisch-ungarischen Monarchie und vor allem auch, wo immer es ging, mit den sozialen Bedürfnissen der Bevölkerung. Sie und der Kaiser erkannten sofort, dass nur ein unmittelbarer Friede in einem Weltkrieg, der alle bisher bekannten Dimensionen überstieg, der Monarchie die Chance eröffnen würde, zu überleben.

Karl und Zita versuchten, kaum zur Regierung gekommen, alles, um mithilfe von Zitas Brüdern Sixtus und Franz Xavier von Bourbon-Parma mit der Entente Frieden zu schließen – alle Bemühungen blieben letztlich vergeblich.

Nach der Niederlage unter schandbaren Bedingungen vertrieben, verstarb Karl I. bereits 1922 an den Folgen einer Lungenentzündung auf Madeira. Vor seinem Tod hatte er noch zwei vergebliche Restaurierungsversuche in Ungarn unternommen. Trotz bitterster Armut gelang es Zita, ihren acht Kindern eine ausgezeichnete Erziehung angedeihen zu lassen. Ihr ältester Sohn, Otto von Habsburg, der große Europäer, war zur Hälfte parma-bourbonischer Abstammung – sein Großvater war der letzte regierende Herzog des Landes.

Isabella, das Geschenk Parmas an Wien

Der eigentliche Bezugspunkt im Leben Isabellas von Parma war ihre Mutter Marie-Louise Elisabeth von Frankreich. Sie war die älteste Tochter Ludwigs XV. und seiner polnischen Ehefrau Maria Leszczyńska und der besondere Liebling ihres Vaters. Ohne Freude wurde Marie-Louise Elisabeth mit dem spanischen Infanten Philipp, dem späteren Herzog von Parma, verheiratet und ging zuerst an den Königshof von Madrid.

Im Vergleich zu Paris war der spanische Königshof dunkel und streng und die Ehe mit Philipp unglücklich. Marie-Louise Elisabeth sehnte sich nach Paris zurück – ihr einziger Trost in der sauerstoffarmen Luft des Escorials war ihre älteste Tochter Isabella. Nachdem Ludwig XV., ihrer Bitte folgend, ihren Mann Philipp zum Herzog von Parma erhoben hatte, hoffte sie, in ihrem neuen Wirkungsbereich französische Lebensweise und Kultur einzuführen. Die Melancholie, die Marie-Louise Elisabeth eigen war, dürfte sich auch auf ihre Lieblingstochter Isabella vererbt haben.

Herzog Phillip, Isabellas Vater, zu dem sie zeit ihres Lebens ein distanziertes Verhältnis hatte, wird als Müßiggänger, bar jeglicher Herrscherqualitäten, geschildert. Isabella blieb daher bis zum Tod ihrer Mutter Marie-Louise Elisabeth innig zugetan.

Die junge Prinzessin war von großer Musikalität, eine perfekte Violinspielerin, beschäftigte sich mit Religion, Geschichte, Geographie und Sprachen und las dazu mit Begeisterung die Schriften von italienischen und französischen Philosophen. Sie war durchaus sportlich, beschäftigte sich aber auch mit technischen Dingen, wie zum Beispiel mit Mechanik und dem damals modernen Automatenbau. Ihre mütterlicherseits geerbte Schwermut allerdings verstärkte sich nach dem Tod Marie-Louise Elisabeths 1759 dramatisch.

Isabella richtete eine wohlausgestattete Bibliothek in Parma ein, die ständig aus Paris von ihrem sehr geliebten Großvater Ludwig XV. ergänzt wurde. Als es zum *Renversement* der Bündnisse kam und zahlreiche Hochzeiten zwischen Habsburgern und Bourbonen geplant waren, war es die Idee der Mutter Isabellas, eine Verbindung mit Josef, dem Thronfolger des

Hauses Österreich und späteren Kaiser Joseph II., zustande zu bringen. Es sollte zur „Grande alleanza della Casa di Borbone e della Casa d'Austria" werden. Mit der Vorbereitung und Ausrichtung der Hochzeit war Fürst Josef Wenzel von und zu Liechtenstein betraut, der als erfolgreicher Diplomat und Feldherr das vollständige Vertrauen Maria Theresias genoss. Obwohl schon in fortgeschrittenem Alter, scheute er keine Mühe, seine Mission erfolgreich zu erfüllen.

Mit einem stattlichen Reisetross begab er sich nun nach Parma, um die junge Braut nach Wien zu holen. Der große Hochzeitszug ließ die Wichtigkeit, die man in Wien der Vermählung des Thronfolgers mit Isabella zumaß, erkennen. Ursula Tamussino, eine Biographin Isabellas, beschreibt den Hofstaat der jungen Prinzessin, der sie nach Wien brachte, plastisch:

- „Ihre Königliche Hoheit
- Fürst Liechtenstein
- Oberhofmeister Graf Salm
- Oberhofmeisterin Gräfin Erdödy + 1 Dienerin
- 2 Kammerfräulein + 1 Dienerin
- 2 Hofdamen + 1 Dienerin
- 1 Obristpostmeister + Kammerdiener
- 7 Kammerherren jeweils + Kammerdiener
- 1 Kammerfrau mit 1 Dienerin
- 2 Kammerdienerinnen mit je 1 Dienerin
- 1 Kammermensch
- Madame Mercier + Tochter und Dienerin
- 1 Beichtvater 1 Hofkaplan 1 Leibmusikus
- 1 Kammerdiener 3 Edelknaben samt Instructor und Diener
- 1 Hoffourier samt Schreiber
- 1 Hofzahlamtsofficier samt Schreiber
- 2 Kammerheizer 1 Türhüter 1 Capelldiener
- 1 Leibwäscherin samt Menschern
- 1 Hofchirurg samt Gesellen
- 2 Tapezierer 2 Kammerheizerjungen
- 1 Wachtmeister mit 12 Mann Hartschieren
- 8 Leiblakaien 4 Hayduken
- 4 Fräulein Schneider.

Prinzessin Isabella von Parma (1741–1763), Gemahlin Josephs II. (Jean-Marc Nattier [?], Öl, 1758)

Dazu kamen noch

- 42 Hof Würtschaftspartheyen vom Hof-Controlor bis zu den Küchenjungen (sechs an der Zahl)
- die fürstlich-liechtensteinsche Suite (24 Persönlichkeiten)
- das ‚Obrist Postamts Personale' (mit 20 Personen) und
- 61 ‚Postillione', die zu reiten und zu fahren hatten, nicht zu vergessen die Wagen- und Futtermeister, Sattel- und Stallknechte, Wagenfouriere und Roßärzte."

Heute, wo der Staat, ohne seine Bürger zu fragen, auch die unsinnigsten Dinge finanziert, kann man sich kaum mehr vorstellen, dass Liechtenstein sämtliche Kosten der Reise übernahm! 219.725 Gulden und 14 Kreuzer, wie Ursula Tamussino akribisch erhob, war die Riesenrechnung, die der noble Fürst beglich!

Im Unterschied zu Versailles oder gar Madrid war das Leben der Kaiserfamilie in Wien von Herzlichkeit und Wärme getragen. Als Isabella 1760 in Wien eintraf, waren von den insgesamt 16 Kindern des kaiserlichen Paares Maria-Theresia und Franz I. noch 13 am Leben. Vor allem Marie-Christine war jene Schwägerin, der Isabella in großer Liebe zugetan war und mit der sie schon vor ihrer Ankunft in Wien eine rege Korrespondenz führte.

Marie-Christine war die erklärte Lieblingstochter Maria Theresias. Sie zeichnete sich durch Liebenswürdigkeit, Intelligenz und beträchtliche künstlerische Begabung, vor allem als Malerin, aus, was die Zuneigung, die Isabella ihr entgegenbrachte, noch verstärkt haben dürfte.

Josef – der Kronprinz –, nun ihr Ehemann, war geprägt von jener umfassenden und wohl auch harten Erziehung, die alle Kinder des Herrscherpaares durchmachen mussten.

Er sprach Französisch, Italienisch und Latein fließend, Ungarisch und Tschechisch passabel. Er befasste sich vor allem mit der Organisation des

Reiches, wirtschaftlichen und militärischen Fragen und wurde sukzessive auf die Regierungstätigkeit im großen Reich seiner Eltern vorbereitet.

In Liebesdingen war der junge Prinz jedoch unerfahren, weshalb er auch der Heirat mit Isabella zwar in freudiger Erwartung, nicht aber ohne Besorgnis entgegensah. Als er jedoch seiner Braut persönlich begegnete, verfiel er ihrem Charme und Liebreiz derart, dass er niemals mehr in seinem Leben eine andere Frau lieben konnte.

Isabella nun fand in dem seriösen jungen Prinzen sicherlich nicht die große Liebe, jedoch einen Mann, dem sie mit großer Zuneigung und Respekt entgegentrat. Sie hatte nicht nur Josefs Herz, sondern auch die Liebe der Wiener im Sturm erobert. Isabella wurde, vor allem auch von Maria-Theresia und dem Kaiser, mit großer Herzlichkeit aufgenommen.

König Friedrich II. von Preußen, auch Friedrich der Große genannt (1712–1786) (Anton Graff, Öl, 1781)

Die immer intensiver werdende Freundschaft zu ihrer Schwägerin Marie-Christine äußerte sich in vielen gefühlvollen Billets und Briefen, die oft täglich am Hofe hin und her gingen.

Während die Briefe Marie-Christines an Isabella einen fröhlichen Charakter zeigten, waren die Isabellas voll von Todesgedanken und Todesahnungen. Die junge Prinzessin beschäftigte sich aber nicht nur mit Musik und Literatur, sondern vor allem auch mit wirtschaftlichen und sogar militärischen Fragen, wobei sie eine ziemlich vernichtende Analyse des preußischen Militärstaates und seines „despotischen Herrschers“ Friedrich II. verfertigte.

In der damaligen Zeit war der Druck der Gemahlinnen von Thronfolgern, einen männlichen Erben zu Welt zu bringen, groß. Brigitte Hamann schreibt, dass Isabella sich mit der von ihr erwarteten Rolle als Mutter möglichst vieler Kinder (und eines Thronfolgers) nicht wirklich anfreunden konnte.

Ihre Melancholie wuchs mehr und mehr in eine förmliche Todessehnsucht hinein. 1762 gebar Isabella eine Tochter mit dem Namen Maria-Theresia, die jedoch, wie sie selbst vorausgesagt hatte, bereits vor ihrem achten Geburtstag starb. Nach zwei weiteren Fehlgeburten aber war der Lebensmut der jungen Prinzessin gebrochen.

Während einer weiteren Schwangerschaft erkrankte sie an Pocken, früher nannte man das Blattern, schenkte einem Mädchen namens Christine, welches nach wenigen Minuten verschied, das Leben und starb eine Woche später am 27. November 1763 in Wien in den Armen ihres zutiefst erschütterten Gatten, fünf Wochen vor ihrem 22. Geburtstag. Die letzten Worte, die sie an ihren Gemahl richtete, waren für viele rätselhaft: „Grace à Dieu! Mein ganzer Körper brennt, denn ich habe mit dem ganzen Körper gesündigt, das Nessushemd der Sünde, Cher Ami."

Isabella, die hochbegabt war, die ihre Umgebung bezauberte, die von ihrem Gemahl abgöttisch geliebt wurde, verschwand wie eine Sternschnuppe und ließ bei denen, die sie liebten, Trauer und Verzweiflung zurück.

Das, was ursprünglich als politische Verbindung gedacht war, wurde zu einer Tragödie aus Liebe, Leidenschaft und Verzweiflung. Isabella, das Geschenk Parmas an Wien, bewirkte dennoch durch ihre Persönlichkeit mehr als jeder Schachzug der Politik.

Joseph II. trauerte sein Leben lang um sie. Ihrem Vater schrieb Josef: „Alles habe ich verloren, meine angebetete Gattin, der Gegenstand meiner ganzen Zärtlichkeit, meine einzige Freundin ist nicht mehr."

Die von Kaiserin Maria Theresia forcierte zweite Hochzeit Josefs mit Maria Josefa von Bayern verlief unglücklich. Maria Josefa war wohl herzlich und gutmütig, aber wenig attraktiv und geistreich. Die Zuneigung Josefs zu gewinnen, war ihr versagt. Die nunmehr zur Erzherzogin, zur Frau des Kaisers aufgestiegene bayerische Prinzessin, die eine tragische Figur in der Geschichte war, starb 1767 im Alter von 28 Jahren, ebenfalls an den Pocken.

Josef wurde zu einem strengen Reformator, der die Zeichen der Zeit erkannt hatte und durch seine Reformen Auswirkungen der Französischen Revolution auf Österreich unterbinden konnte. Seine Neuerungen waren gleichzeitig aber oft rigoros und nicht immer durchdacht, was ihm nicht die Liebe der Bevölkerung, wohl aber deren Achtung brachte.

Rigide Neuerungen, wie sie die Französische Revolution und später Napoleon für richtig erkannten, waren nicht die Sache der Österreicher, die mit dem Ancien Régime unter Maria Theresia überwiegend zufrieden gewesen waren.

Josef wollte zu viel und zu schnell; vieles wurde nach seinem Tod wieder rückgängig gemacht. Mit Isabella an seiner Seite hätte vielleicht mehr Wärme und mehr Maß seine Regierungstätigkeit gekennzeichnet. Dennoch

Maria Amalia von Österreich (1746–1804), Erzherzogin von Österreich sowie Prinzessin von Ungarn, Böhmen, der Toskana sowie Herzogin von Parma (Martin van Meytens, Öl, 1760er-Jahre)

Kaiserin Maria Theresia (1717–1780) betrieb eine umfassende Reformpolitik. (Martin von Meytens, Öl, 2. Hälfte 18. Jh.)

ging er zu Recht als einer der begabtesten Kaiser des Hauses Habsburg in die Geschichte ein.

Man braucht kein Psychologe zu sein, um zu vermuten, dass auch das liebesleere Leben des Kaisers, nach dem Tod Isabellas, dessen Handlungen beeinflusste, die letztlich nur noch das Ziel hatten, dem Wohl des Volkes, der Dynastie und des Staates in einer Zeit des Umbruchs zu dienen.

Maria Amalia und der Mönch

Maria Theresia und Franz I. führten nicht nur eine sehr glückliche, sondern auch eine sehr temperamentvolle Ehe.

Der „Wienerische Dialekt", dessen sich Maria Theresia oft bediente, machte sie in der Bevölkerung besonders populär.

Die strenge Ausbildung aber, die das Kaiserpaar für seine zahlreichen Kinder festlegte, war nicht immer nach deren Geschmack. Besonders Maria Amalia und ihre jüngere Schwester Maria Karolina, die spätere Königin von Neapel, neigten zum Widerspruch, sodass es öfter zu durchaus bewegten Auseinandersetzungen im Familienkreis kam.

Wir können uns heute schwer vorstellen, wie sehr die Kinder, gerade von bedeutenden Herrschern, den dynastischen Zielen ihrer Eltern, oft gegen ihre Vorlieben, folgen mussten.

Nach dem *Renversement*, das die Annäherung von Österreich an Frankreich brachte, verfolgten Maria Theresia und ihr Minister Fürst Kaunitz konsequent das Ziel, durch eine geschickte Heiratspolitik, vor allem in bourbonische Dynastien, die europäische Bedeutung des Hauses Habsburg-Lothringen zu festigen.

Ein Grund dafür war auch die Expansionspolitik Friedrichs II. von Preußen, die dazu führte, dass sich die ehelichen Verbindungen der Habsburger auf die von Bourbonen regierten Länder Frankreich, Spanien, Neapel, Sizilien und Parma konzentrierten.

Maria Amalia war ein Opfer dieser Politik, die, alles in allem, jedoch richtig geplant war und ihre Zwecke zumeist erfüllte. Maria Theresia nahm kein Blatt vor den Mund, wenn sie die Charaktereigenschaften ihrer Kinder, oft aus der Laune des Augenblicks heraus, dokumentierte: Maria Amalia wurde zum Beispiel einmal von ihr als hochmütig, eingebildet und lebhaft beschrieben. Sie war aber auch eine jener Erzherzoginnen, die von ihrer Mutter Temperament, Willen und Gestaltungskraft geerbt hatten.

Herzog Karl August von Pfalz-Zweibrücken, den Maria Amalia mit 22 Jahren kennengelernt hatte, war ihre große Liebe. Vergebens, sie durfte ihn nicht heiraten. Maria Theresia und Kaunitz zogen eine Hochzeit mit Herzog Ferdinand von Parma vor. Maria Amalia war verzweifelt und sollte ihrer Mutter die Zerstörung ihres Lebensglückes nie vergessen.

Bis zuletzt hoffte sie, dass Maria Theresia ihr selbst die Wahl ihres Ehemanns überlassen würde und reagierte, als dies nicht geschah, mit Schreianfällen und trotzigem Benehmen.

Auch Maria Amalias Bruder, der spätere Kaiser Joseph II., unterstützte die Heirat mit dem Thronerben von Parma; vor allem wohl auch deshalb, weil Herzog Ferdinand der jüngere Bruder seiner innigst geliebten und viel zu früh verstorbenen Frau Isabella von Parma war.

Ferdinand von Parma wird von Zeitzeugen als nicht sehr intelligent und bigott beschrieben. Er stand dem Dominikanerorden nahe und war außerdem um fünf Jahre jünger als seine Braut. König Ludwig XV., das Haupt der Bourbonendynastie und der Großvater Ferdinands, begrüßte hingegen diese weitere Verbindung mit dem Haus Habsburg-Lothringen sehr.

Die Hochzeit fand am 19. Juli 1769 im Palazzo Ducale di Colorno im Rahmen eines luxuriösen Festes statt. Die Hochzeitsnacht aber verlief alles andere als wunschgemäß. Die Hygiene des Bräutigams dürfte in keiner Weise der eleganten jungen Erzherzogin entsprochen haben. Manche meinten, Ferdinand umwehte ein bisschen zu viel der Duft der heiligen Inquisition.

Selbst sein Großvater Ludwig XV. sah sich genötigt, seinem Enkel mehrere Briefe, die Ratschläge für ein erfüllteres Eheleben enthielten, zu schicken. Ludwig XV. war ein erfahrener Liebhaber: Nach der gescheiten und politisch versierten Madame Pompadour, die 1764 gestorben war, wurde Marie Jeanne Comtesse du Barry seine Favoritin. Deren Vergangenheit als Freudenmädchen indes war bewegt.

Ludwig XV. bewirkte, um dem Kind einen Namen zu geben, ihre Heirat mit dem Comte Guillaume du Barry und erfreute sich an ihrer Schönheit und Munterkeit. Ihr Ende war ein schreckliches: Robespierre brachte sie auf die Guillotine, unter der sie am 6. Dezember 1793 unter Tränen ihr Leben ließ.

Maria Amalia aber ließ sich noch Monate Zeit, bis die Ehe mit Ferdinand schließlich vollzogen wurde. Obwohl diese zeitlebens unglücklich war, schenkte sie ihrem Gemahl sieben Kinder. Ferdinand wird als durchaus freundlich beschrieben, in sich gekehrt, bescheiden, fromm und sanftmütig. Ein junger Mann, dem das Wohl des Volkes das oberste Anliegen war, der jedoch nicht die Gestaltungskraft hatte, entsprechende Maßnahmen in seinem Herzogtum zu verwirklichen.

Der frühe Tod seiner Mutter Marie Louise Elisabeth von Frankreich hatte wohl das Übrige dazu beigetragen, um den jungen Herzog zu überfordern und in seine eigene, religiös dominierte Welt zu stürzen. Alles in allem war er das Gegenteil der extrovertierten und dominanten Maria Amalia.

Als die junge Herzogin nach Parma gekommen war, lenkte der französische Minister Guillaume Du Tillot die Regierungsgeschäfte des kleinen Herzogtums. Da das Land arm war, unterstützte Maria Theresia das junge Ehepaar mit einer jährlichen Rente und versuchte in Form von Briefen, Einfluss auf das Leben der Tochter zu nehmen.

Minister Du Tillot hatte zuerst die Erbin von Modena, Maria Beatrice d'Este, als Braut für den jungen Herzog vorgeschlagen. Diese war wiederum die Erbin von Massa und Carrara und wurde von der unermüdlich mit Heiratsplänen beschäftigten Maria Theresia zur Braut eines ihrer Söhne ausersehen.

Im Palazzo Ducale di Colorno fand 1769 die Hochzeit des Hauses Habsburg mit dem der Bourbonen statt.

Ihr Ehemann wurde schließlich, entgegen den Wünschen von Du Tillot, Erzherzog Ferdinand, der Generalgouverneur der österreichischen Lombardei, mit dem Maria Beatrice eine ausgezeichnete Ehe führte.

Zurück zu Minister Du Tillot: Seine Vorliebe für Maria Beatrice d'Este, vor allem aber seine Politik, die Parma an Frankreich annähern wollte, führte relativ unmittelbar, nachdem Maria Amalia nach Parma gekommen war, zu einem äußerst gespannten Verhältnis, das sich im Laufe der Zeit zu einer persönlichen Feindschaft entwickeln sollte.

Maria Theresia schickte den Grafen Orsini-Rosenberg nach Parma, mit dem Ziel, die Herzogin von den Regierungsgeschäften fernzuhalten und sie zur Vernunft zu bringen: „Die in Parma seit dem Tage der Verbindung unserer Tochter Amalia mit dem Infanten und Herzog von Parma entstandenen Irrungen und unangenehmen Ereignissen, sind dem Grafen ebenso bekannt, wie leider ganz Europa, dem sie zur Fabel und zum Gelächter dienen." Maria Theresia formulierte immer sehr deutlich! Und schrieb weiter: „So wird der Graf Sie aufs Bündigste versichern, dass ich ihre Aufführung nicht allein öffentlich missbilligen werde, sondern auch, geschehe was da wolle, mich ihrer bei keiner Gelegenheit annehmen, um sie zur Erhaltung meiner Ehre und Ruhe ihrem Schicksal, ihrem Eigensinn und ihren elenden Ratgebern auf ewig zu überlassen."

Eine dramatische Formulierung für eine liebende Mutter!

Maria Amalia – auch darin ähnelte sie Maria Theresia – setzte jedoch durch, dass Minister Du Tillot sein Amt aufgab und sie ihre politischen Vorstellungen durchsetzten konnte.

Die Streitigkeiten gingen aber weiter: Maria Amalias Schwager, König Karl III. von Spanien, ernannte den Spanier José de Llano zum neuen Minister von Parma. Auch von de Llano ließ sich Maria Amalia nicht dreinreden und missachtete die Ratschläge ihrer Mutter.

Marie Jeanne, Comtesse du Barry (1743–1793), die berühmte Mätresse Ludwigs XV., gemalt 1782 von Élisabeth Vigée-Lebrun. Sie endete im Dezember 1793 auf der Guillotine.

Maria Theresia beklagte sich weiterhin über das Verhalten des „Fratzen in Parma" und sogar Ludwig XV., Ferdinands Großvater, warnte diesen vor seiner Frau und riet seinem Enkel in einem seiner Briefe, Maria Amalia als Ausländerin und aufmerksamkeitsliebende Person zu betrachten, die gemieden werden müsse.

Die Herzogin aber, die von ihrem Bruder Joseph II. als halbe Amazone charakterisiert wurde, die geschickt genug wäre, ein Reich auch ohne männliche Hilfe zu regieren, beherrschte ihr Land, ging gerne auf die Jagd, was eine willkommene Abwechslung des eintönigen Hoflebens war, und scherte sich wenig um Einflüsse von außen.

Das Einzige, was das Ehepaar, das in verschiedenen Welten lebte, miteinander verband, war das Ziel, so schnell wie möglich einen männlichen Thronerben zu zeugen.

Sieben Kinder erblickten das Licht der Welt, wobei vor allem Ludwig als späterer König von Etrurien eine Karriere im Rahmen des napoleonischen Mächtesystems machte.

Maria Amalia bewährte sich in der schwierigen Zeit der Napoleonischen Kriege im Kampf für ihre Länder, konnte aber gegen die französi-

Ludwig I., der erste König des neu geschaffenen Königreichs Etrurien (Francisco Goya, Öl, 1800)

sche Übermacht wenig ausrichten: 1796 wurde Parma von französischen Truppen erobert. Der Versuch, neutral zu bleiben, nutzte dem Land wenig. Parma sollte französisches Staatsgebiet werden und Ferdinands Sohn Ludwig – als freundliche Geste Napoleons – die Herrschaft über das neu geschaffene Königreich Etrurien übernehmen.

1803 starb Ferdinand, bedauerlicherweise in dem Glauben, vergiftet worden zu sein. Er wurde im Ordenskleid der Dominikaner, einem Orden, dem er sich zeitlebens in besonderer Weise verbunden fühlte, beigesetzt.

Sein Grabmahl aus Carrara-Marmor in der Klosterkirche von Fontevivo zeugt noch heute von seinem im Wesentlichen der Religion gewidmeten Leben.

Maria Amalia musste nun Parma verlassen. Trotz ihres kontroversen Verhaltens hatte sie während ihrer Ehe mit Ferdinand die Zuneigung ihres Volkes gewonnen.

Schon wieder Frankreich! Marie Louise – Kaiserin und Herzogin

„Kann man zwischen dem Untergang einer ganzen Monarchie und dem persönlichen Unglück einer Prinzessin wählen?“ Diesem Satz Metternichs fiel auch Marie Louise von Österreich zum Opfer. Marie Louise war die erste Tochter Kaiser Franz I./II. und seiner zweiten Frau Maria Theresia von Neapel-Sizilien. Ihre Großmutter, Maria Karolina von Neapel, die unbeugsame Königin und geschworene Feindin Napoleons, hatte ein besonders gutes Verhältnis zu ihrer Enkelin. Die alte Königin hasste verständlicherweise die Französische Revolution und damit ganz Frankreich, das ihre Schwester Marie Antoinette unter die Guillotine gebracht hatte.

Sie konnte es ihrem Neffen Kaiser Franz I. niemals verzeihen, dass dieser, dem Rate Metternichs folgend, Marie Louise schon wieder einem französischen Souverän, dem gefürchteten und gefährlichen Kaiser Napoleon, zur Frau gegeben hatte. Die Gründe für die Hochzeit waren politisch gesehen natürlich einleuchtend: Napoleon sah sein Kaiserreich durch die Heirat in eine der ältesten Dynastien Europas legitimiert und Franz I. erhoffte sich eine gewisse Stabilisierung des Verhältnisses Österreichs zu Frankreich, das den Kaiserstaat im Laufe der Jahre an den Rand des Abgrundes gebracht hatte.

Auch für Marie Louise, die mit einer großen Abneigung gegen Frankreich und Napoleon erzogen wurde, war die Ehe ein Opfer, das sie der Dynastie und ihrer Heimat brachte. Schon mit 18 Jahren hatte sie sich in den Bruder ihrer um vier Jahre jüngeren Stiefmutter, Franz IV. von Modena-Este, verliebt. Ihr Vater, Kaiser Franz I./II., war zwar gütig und liebevoll, konnte aber, so schwer es ihm fiel, dieser Ehe nicht zustimmen. Ähnlich wie ihre Tante, Maria Amalia, die Herzog Ferdinand von Parma heiraten musste, obwohl sie unsterblich in den Herzog von Pfalz–Zweibrücken verliebt war, musste sich Marie Louise der Staatsräson beugen. Die große Politik, an ihrer Spitze Metternich, verlangte dies.

Nachdem ein russischer Heiratsplan fehlgeschlagen war und Napoleon sich von seiner ersten, in Frankreich sehr beliebten Frau Josephine getrennt hatte, suchte er an den katholischen Höfen Europas eine zweite Gemahlin,

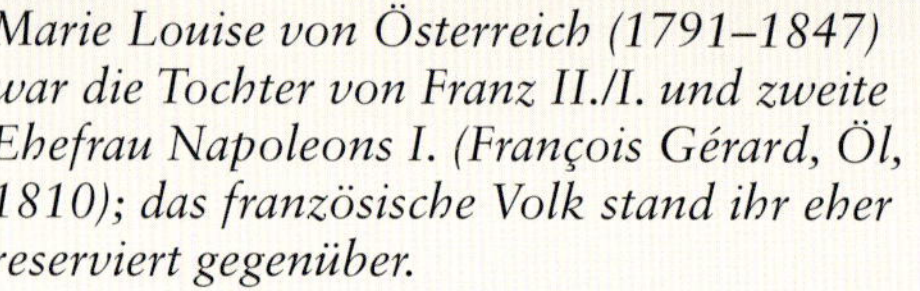

Marie Louise von Österreich (1791–1847) war die Tochter von Franz II./I. und zweite Ehefrau Napoleons I. (François Gérard, Öl, 1810); das französische Volk stand ihr eher reserviert gegenüber.

Napoleon I. (1769–1821) krönte sich Anfang Dezember 1804 selbst zum Kaiser der Franzosen. Das Bild zeigt ihn als König von Italien. (Andrea Appiani, Öl, 1805)

die ihm einen Thronerben schenken sollte, und fand sie in Marie Louise. Die Hochzeit fand am 11. März 1810 durch Ferntrauung statt. Trotz aller Vorbehalte fand Marie Louise den eisernen Soldatenkaiser, den sie drei Wochen später persönlich kennenlernte, als Ehegatten nicht so übel und fügte sich in ihr Schicksal.

Mit einer gewissen Angst stand sie allerdings ihrem neuen Land und ihren Bewohnern gegenüber, die erst vor 17 Jahren ihre Großtante Marie Antoinette hingerichtet hatten.

Auch die temperamentvolle Familie Napoleons, die dieser wie Schachfiguren an alle strategischen Punkte Europas platziert hatte, war ihr fremd. In den politischen Privatbriefen des Grafen Vizthum wird Metternich wie folgt zitiert: „Während des längeren Aufenthaltes, welchen ich als Minister des Äußeren nach der Vermählung Napoleons mit der Erzherzogin Marie Louise im Jahre 1810 in Paris nahm, hatte ich jedoch erst Gelegenheit, den

Mann vollkommen kennenzulernen. Er überhäufte mich mit Artigkeiten, sprach mir oft von seinem jungen ehelichen Glücke und forderte mich auf, sooft ich nur immer wollte, zur Kaiserin zu gehen; er habe diesfalls die nötigen Befehle gegeben.“ Und weiter: „Wenige Tage bevor er Paris verließ, um der Kaiserin die neuerworbenen niederländischen Provinzen zu zeigen, lud er mich ein, die Reise mitzumachen. Das lehnte ich ab und sagte ihm ganz offen, die Abtretung dieser Provinzen sei noch zu neu, um mich dort mit ihm zeigen zu können. So ersuchte er mich denn, mindestens bis Compiègne mitzufahren. Wir kamen gegen Abend an, dinierten und saßen dann einige Zeit lang am Teetische. Die Kaiserin war müde und zog sich kurz nach 10 Uhr zurück.“ Obwohl Marie Louise bereits 1811 Napoleon einen Thronerben geschenkt hatte – Napoleon-François-Charles-Joseph Bonaparte, genannt Napoleon II., der spätere Herzog von Reichstadt –, verbesserte dies ihre Position in Frankreich nicht wesentlich. Das französische Volk stand der neuen Kaiserin eher reserviert gegenüber. Während Josephine als Glücksbringerin des Kaiserreiches betrachtet wurde, begannen mit Marie Louise die ersten kleineren militärischen Misserfolge. Den Juni und Juli 1812 verbrachte die Kaiserin mit ihren Angehörigen in Prag, während Napoleon Krieg gegen Russland führte.

Clemens Wenzel Lothar Graf Metternich (1773–1859), der nach dem Fall Napoleons die diplomatische Führung in Europa innehatte, stellte auf dem Wiener Kongress von 1814/15 das europäische Kräftegleichgewicht wieder her. (Thomas Lawrence, Öl, um 1815)

Der verhängnisvolle Feldzug nach Russland und schließlich die katastrophalen Niederlagen bei Leipzig und Waterloo in den Jahren 1813 und 1815 verbesserten die Situation für Marie Louise, der in der Abwesenheit Napoleons zeitweise die Regierungsgeschäfte übertragen wurden, nicht. Dennoch, die Ehe funktionierte: Napoleon, der sich während seiner ersten Ehe nicht gerade durch Monogamie ausgezeichnet hatte, hielt ihr, zumindest offiziell, die Treue bis zu seinem Tod, denn so lange waren sie auf dem Papier verheiratet.

Nach der Völkerschlacht von Leipzig und der Abdankung Napoleons reiste Marie Louise am 28. März 1814 mit ihrem Sohn aus der französischen Hauptstadt zunächst nach Blois und später nach Wien. Napoleon sollte sie nie wiedersehen.

In Wien wurde sie von der Bevölkerung, aber auch von ihrer Stiefmutter Maria Ludovika von Modena-Este, deren Bruder sie einst heiraten wollte, mit großem Jubel empfangen. Am Wiener Kongress wurden ihr auf Lebzeiten die ursprünglich bourbonischen Länder Parma, Piacenza und Guastalla übertragen, die später wieder an die Bourbonen zurückfallen sollten.

Kaiser Franz I. hatte seiner Tochter als Begleiter den württembergischen Grafen Adam Albert von Neipperg beigegeben. Neipperg war österreichischer Generalfeldmarschallleutnant und Diplomat, ein attraktiver Reitergeneral, der in den napoleonischen Kriegen ein Auge verloren hatte. Am Wiener Kongress vertrat er die Interessen der entthronten Kaiserin. Auch menschlich kamen sich die Herzogin und der General näher und Marie Louise heiratete schließlich Neipperg in morganatischer Ehe.

Dieser Ehe entstammten die Fürsten von Montenuovo (Neuberg), die mit Alfred von Montenuovo später den ersten Obersthofmeister Kaiser Franz Josephs stellten.

Alfred Fürst Montenuovo war ein strikter Vertreter des Hofzeremoniells und ein persönlicher Gegner des 1914 ermordeten Erzherzogs Franz Ferdinand sowie, was in Anbetracht seiner Familiengeschichte durchaus nicht eines gewissen Reizes entbehrt, ein gefürchteter Diktator des Hofzeremoniells in Wien.

Nachdem Adam Albert von Neipperg 1829 in Parma gestorben war, heiratete die nunmehr zum zweiten Mal verwitwete Herzogin ein drittes Mal, und zwar den Grafen Charles-René de Bombelles. Obwohl Parma ein ruhiges, beschauliches Herzogtum war, kam es 1831 zu Unruhen, die von Modena aus auf das Land übergriffen; die Herzogin sah sich gezwungen, für einige Zeit Parma zu verlassen.

Marie Louise war inzwischen zu einer echten Landesmutter herangereift. Nach den revolutionären Ereignissen zeigte sich Marie Louise nicht nur besonders milde, sondern baute auch die schon bisher recht gute Verwaltung des Landes weiter aus. In der öffentlichen Wohlfahrt verdankten ihr ihre Länder viele Reformen, sie baute Waisenhäuser, Spitäler und betätigte sich unermüdlich in der Armenversorgung.

Es wurden Straßen gebaut, Dämme hochgezogen und Brücken gegen die häufig auftretenden Naturkatastrophen errichtet. Marie Louise gründete das Konservatorium und das Teatro Regio, welches noch heute durch die Aufführung der Opern Verdis berühmt ist. Auch in der Archäologie erwarb sich Marie Louise Verdienste: Bei den Grabungen, die in Velleja ein Amphitheater, ein Forum, eine Tempelhalle und zahlreiche Totenwohnungen ans Licht brachten, wurden berühmte Bronzeplatten des römischen Kaisers Trajan entdeckt. Es handelte sich um eine so genannte *Tabula Alimentaria* Trajans, der sich trotz seiner ausgedehnten Kriegszüge um das Wohl der hungernden Kinder kümmerte und Gesetze zu ihrer sozialen Versorgung erließ. Als Marie Louise davon hörte, ließ sie die zerschlagenen Bronzeplatten wieder zusammensetzen und dem Museum Parmas als besonders eindrucksvolle Seltenheit übergeben.

Mit ihrem dritten Gatten führte Marie Louise ein stilles Leben in Parma und überwachte mit Liebe und Umsicht die Erziehung ihrer Kinder. Sie starb 1847 mit 56 Jahren und wurde in der Kapuzinergruft in Wien, neben ihrem Sohn, dem Herzog von Reichstadt, tief betrauert von der Bevölkerung Parmas, beigesetzt.

Wie vorgesehen übernahmen dann die Bourbonen unter Herzog Karl Ludwig von Lucca wieder das Land, so wie dies vor 33 Jahren beim Wiener Kongress festgelegt worden war. Die Kaiserin und Herzogin lebte in einer Zeit des Umbruchs. Ihr Schicksal füllte zahlreiche Bücher und Romane. Marie Louise meisterte ihr bewegtes Leben mit Bravour. Sie war Napoleon eine gute Ehefrau, entwickelte sich in Parma zu einer hochgeschätzten Landesmutter und – lebenslustig, wie sie war – verstand auch ihr Privatleben ihrem Temperament gemäß anzupassen. Wie viele Mitglieder ihres Hauses war sie pragmatisch, erkannte die Zeichen der Zeit und lebte ihr Leben im Rahmen jener Grenzen, die ihr die Politik vorgeschrieben hatte.

Ercole d'Este (1431–1505), zweiter Herzog von Ferrara, Modena und Reggio (Dossi Dosso, Öl, ca. Ende 15. Jh.)

Borso d'Este (1413–1471), der erste Herzog von Modena (Vicino da Ferrara zugeschrieben, Öl 1469/1471)

Alfonso I. d'Este (1476–1534), dritter Herzog von Ferrara, Modena und Reggio (Dossi Dosso, Öl, 1. Hälfte 16. Jh.)

Este, Habsburg und die Borgia

Modena liegt inmitten eines fruchtbaren Landes, mit gutem Ackerboden, Weinstöcken und ergiebigen Feldern. Ulmen, Pappeln und Weiden bilden eine gartenähnliche Kulisse.

Die Stadt selbst war lange Residenz. Freundliche Straßen, von gelblichbraunen Laubengängen begleitet, prägen ebenso das Bild des Ortes wie der Palast der Este oder das Meisterwerk des Domes, der auf der Piazza steht, den man kurz vor dem Jahre 1100 zu bauen begann. Die Stadt ist eine der Kostbarkeiten der Emilia-Romagna. Das Haus Este in Modena war seit dem ausgehenden 13. Jahrhundert bestimmend.

Kaiser Friedrich III. war bei seiner Reise durch Ferrara von der Aufnahme, die er bei Borso d'Este erfuhr, so entzückt, dass er ihm 1452 den Titel eines Herzogs von Modena und Reggio verlieh. Borso verschaffte sich zusätzlich von Papst Pius II., Enea Silvio Piccolomini – Dichter, Geschichtsschreiber, Politiker und Kirchenfürst –, die Herzogswürde für Ferrara, das er als päpstliches Lehen besaß.

Borso war nicht verheiratet, hatte keine Kinder und setzte als Nachfolger seinen Halbbruder Ercole d'Este als Herzog ein. Dessen Nachfolger war Alfonso I. d'Este, der in erster Ehe Anna Sforza und in zweiter Ehe Lucrezia Borgia heiratete.

Lucrezia war die Tochter Alexander VI., des berühmtesten Renaissancepapstes. Wenn auch Lucrezia, die hübsch und lebenslustig war, nicht unbedingt einen guten Ruf hatte, so muss man doch wissen, dass sie in erster Linie eine Schachfigur im politischen Spiel des päpstlichen Vaters gewesen ist und sich deshalb, wie viele Prinzessinnen ihrer Zeit, seinen Entscheidungen zu fügen hatte. Die macht- und ehrbewussten Estes waren verständlicherweise nicht glücklich, Lucrezia, immerhin eine unehelich geborene Papsttochter, in ihr Haus aufnehmen zu müssen. Der Druck, den Alexander VI. ausübte, dürfte nicht gering gewesen sein.

Cesare Borgia, der Bruder Lucrezias, überzog damals die Romagna mit seinen Heeren, um seinem Haus ein eigenes Reich zu schaffen, und bedrohte direkt oder indirekt die von den Estes regierten Herzogtümer Ferrara und Modena.

Letztlich führte aber eine hohe Mitgift und eine Reihe von wirtschaftlichen und politischen Vorteilen, die Alexander VI. zu gewähren bereit war, bei den stolzen Estes dazu, dass sie in die Hochzeit einwilligten.

Oftmals kommt es anders als erwartet: Lucrezia erwarb sich als Regentin von Ferrara große Anerkennung, wurde von ihrem Mann geliebt und auch mit Staatsangelegenheiten betraut. Sie verbrachte viel Zeit in Klöstern, unterstützte die Spitäler des Herzogtums, stellte sich gegen die Verfolgung der Juden und starb schließlich, von ihrem Volk tief betrauert, 1519 im Kindbett.

Im Stile seiner Zeit schrieb Pierre du Terrail, Chevalier de Bayard, in seinem Nachruf auf Lucrezia: „Ich wage es zu sagen, dass es weder zu ihrer Zeit noch früher eine glorreichere Fürstin gab als sie; denn sie war schön und gut, sanft und liebenswürdig zu allen und nichts ist so sicher, als dies, dass, obwohl ihr Gemahl ein kluger und kühner Fürst war, diese genannte Dame ihm durch ihre Liebenswürdigkeit gute und große Dienste geleistet hat."

Der Enkel Lucrezias, Herzog Alfons II. d'Este, heiratete in zweiter Ehe Barbara von Österreich, die Tochter Kaiser Ferdinands I. – jenes Kaisers, der wohlbedacht fünf seiner Töchter mit italienischen Fürsten – Medicis, Gonzagas und eben Estes – verheiratet hatte.

Barbara wird nicht als besonders schön beschrieben, sie genoss aber eine streng religiös karitative Erziehung in Innsbruck. Die Hochzeit mit Herzog Alfons 1565 war jedoch der Renaissance entsprechend prunkvoll. Die Habsburger stärkten mit dieser Ehe ihre Position in Italien.

Torquato Tasso, der an den Hof von Ferrara berufen wurde, widmete Barbara einige seiner Sonette. Barbara entfaltete in Ferrara, Modena und Reggio, den Herrschaftsgebieten ihres Mannes, ein segensreiches Wirken. Nach dem Erdbeben im Jahr 1570 stiftete sie das nach ihr benannte Waisenhaus Santa Barbara, für das sie 1572 auch ein Oratorium einrichtete, aus dem später die Kirche Santa Barbara hervorging.

Schon im Alter von 33 Jahren, im Jahre 1572, starb sie kinderlos an Tuberkulose. Die berühmte, skandalträchtige und zuletzt von ihrem Volk als große Herzogin geliebte Lucrezia Borgia lernte sie nicht mehr kennen.

Barbara von Österreich war die zweite Frau Alfons II. Zuvor hatte Alfons Lucrezia de' Medici geheiratet; nach dem Tod Barbaras ehelichte der Herzog Margarita Gonzaga. Da aus allen diesen Ehen keine Kinder entsprossen waren, entschloss sich Alfons, seinen Vetter, Cesara d'Este, als Erben einzusetzen. Da dieser außerehelich geboren war, erkannte der damals regierende Papst Clemens VIII., dem Haus Aldobrandini entstammend,

Stammfolgen Habsburg–Este

Auszug

ESTE

Herkules II.,
Herzog von Modena
1727–1803

⚭ 1741

Maria Theresia
Cybo-Malastina, Erbin von
Massa und Carrera
1725–1790

↓

HABSBURG

Kaiser Franz I. Stefan
1708–1765

⚭ 1736

Maria Theresia
1717–1780

↓

Erbtochter: Maria Beatrix, Herzogin von Massa und Carrera 1750–1829	⚭ 1771	Erzherzog Ferdinand Karl von Österreich Este 1754–1806

↓

Franz IV.,
Herzog von Modena
1779–1846

⚭ 1803

Maria Beatrix von Este
1750–1829

↓

Marie Ludovika 1754–1806	⚭ 1808	Kaiser Franz II. (I.) 1768–1835

↓

Franz V.,
Herzog von Modena
1819–1875

⚭ 1842

Adelgunde von Bayern
1823–1914

Papst Clemens VIII., einer der bedeutendsten Päpste der Gegenreformation. (Collegiumskapelle im Kloster Mehrerau in Bregenz)

diese Regelung nicht an und gliederte Ferrara 1598 als erledigtes Lehen in den Kirchenstaat ein. Clemens VIII. gilt als einer der bedeutendsten Päpste der Gegenreformation. Zu seinen weniger sympathischen Eigenschaften zählte, dass er den Dominikanermönch Giordano Bruno wegen Ketzerei verurteilte – das Urteil verkündete er im Übrigen selbst – und auf dem Campo de Fiori in Rom auf dem Scheiterhaufen öffentlich verbrennen ließ.

Er stand dem französischen König Heinrich IV. nahe, dem die Wendung „Paris ist eine Messe wert“ zugeschrieben wird, mit der er seinen Religionswechsel von den Hugenotten zu den Katholiken begründet haben soll.

Ferrara war nun den Estes verloren gegangen und der verhinderte Nachfolger, Cesare d'Este, musste sich mit dem Herzogtum Modena und Reggio begnügen.

Die Estes regierten noch 200 Jahre in Modena. Der letzte Este-Herzog, Hercule III., musste 1796 schließlich dem Ansturm der Französischen Revolutionsheere weichen, nach Venedig flüchten und starb 1797 ohne männlichen Erben.

Er setzte seine Tochter Maria Beatrice als Erbin ein, die 1771 den erst 17-jährigen Erzherzog Ferdinand Karl, einen jüngeren Sohn Maria Theresias, heiratete. Zu diesem feierlichen Anlass schrieb der junge Mozart (15-jährig) die Oper „Ascanio in Alba“. Modena kam zu Habsburg.

Ferdinand Karl von Österreich-Este

Kaum eines der Kinder Maria Theresias und Kaiser Franz I. Stefan konnte seine Jugend so unbekümmert im Kreise einer großen, liebevollen Familie verbringen wie Erzherzog Ferdinand Karl. Im Jahr seiner Geburt standen drei ältere Brüder, Josef, Leopold und Karl in der Thronfolge weit vor ihm. Natürlich hinderte das die große Kaiserin nicht, auch für Ferdinand Karl schon früh Heiratspläne zu schmieden, um vorteilhafte dynastische Verbindungen aufzubauen.

Schon bald wurde der junge Erzherzog mit der einzigen Tochter des Herzogs von Modena und letzten männlichen Vertreter des Hauses Este, Maria Beatrice, verlobt. Maria Beatrice war nicht nur Erbin ihres Vaters hinsichtlich der Herzogtümer Modena und Reggio, sondern erbte auch von ihrer Mutter die Herzogtümer Massa und Carrara, die Modena benachbart waren.

Als Erbin von vier Herzogtümern war sie eine begehrte Partie auf dem europäischen Heiratsmarkt. Maria Theresia sah, plante und verheiratete und diesmal wurde der dynastische Zweck auch Basis des persönlichen Glücks der Auserwählten.

Die Hochzeit fand 1771 statt und nicht nur der junge Mozart schrieb aus diesem Anlass die bereits erwähnte Oper „Ascanio in Alba", sondern auch der heute eher unbekannte Komponist Johann Adolph Hasse führte als Teil des Hochzeitsfestes seine schon erwähnte Oper „Il Ruggiero" auf. Die musikalischen Höhepunkte entsprachen der Liebe zur Musik, die dem Wiener Hof eigen war.

Rasch war das neue Herzogspaar in Modena, vor allem wegen seines aufgeschlossenen Wesens, der Güte und Freundlichkeit gegenüber der Bevölkerung und seines sozialen Engagements beliebt. Ferdinand Karl und Maria Beatrice begründeten die Linie Habsburg-Este. Ihrer überaus glücklichen Ehe entsprossen neun Kinder. Die Residenz des jungen Paares war die königliche Villa von Monza.

Ferdinand Karl und Beatrice von Österreich-Este. Ferdinand Karl von Österreich-Este (1754–1806) war Erzherzog von Österreich, Generalgouverneur der Lombardei und Begründer des Hauses Österreich-Este. (Unbekannter Künstler, Öl, 2. Hälfte 18. Jh.)

Maria Beatrice d'Este (1750–1829) brachte die Erbschaft ihres Vaters, die Herzogtümer Modena und Reggio, sowie die Erbschaft ihrer Mutter, die Herzogtümer Massa und Carrara, in das Haus Habsburg ein und wurde zur Begründerin der Linie Österreich-Este. (Anton von Maron, Öl, um 1772) *(gegenüberliegende Seite)*

In seiner Politik war Ferdinand Karl natürlich durch die Direktiven seines älteren Bruders Kaiser Joseph II. eher eingeschränkt und musste dessen Wünschen folgen. 1780 wurde Ferdinand Karl zum Statthalter der Lombardei ernannt und in dieser verantwortungsvollen Stellung von Maria Beatrice bestens unterstützt.

Die Geisel der Zeit war aber die Französische Revolution, die die jüngere Schwester Ferdinand Karls, Marie Antoinette, 1793 unter die Guillotine brachte. Nunmehr bedrängte Napoleon nicht nur Oberitalien, sondern ganz Europa und wurde zum Schrecken des Ancien Régimes in Europa.

Der Korse marschierte 1796 sowohl in Mailand als auch im Herzogtum Modena ein. Modena wurde zuerst Bestandteil der Cispadanischen, später der Cisalpinischen Republik und das Herzogpaar und seine Familie wurde gezwungen, nach Österreich zu fliehen.

Nach Aufenthalten der Familie in Triest und Brünn bezog Ferdinand Karl das Schloss Belvedere, das früher Prinz Eugen von Savoyen gehört hatte. Die Herzogin ließ sich mit einem Teil ihrer Kinder in Wiener Neustadt – nahe genug zu Wien – nieder. Später zog das Ehepaar bis zum Tod Ferdinand Karls ins Palais Dietrichstein.

Prinz Eugen von Savoyen (1663–1736) war einer der bedeutendsten Feldherren des Habsburgerreiches. (Jacob van Schuppen, Öl, 1718)

1806 starb Ferdinand Karl, der nicht nur in seinem Äußeren, sondern auch in seiner Liebenswürdigkeit und seinem Pflichtbewusstsein ein typischer Sohn Maria Theresias war; tief betrauert von seiner Familie und all jenen, die ihn kannten.

Die dynastische Rolle Maria Beatrices aber war noch nicht zu Ende. Ihre Tochter Maria Ludovika wurde die dritte Frau Kaiser Franz I. von Österreich. Nun bemühte sich Maria Beatrice unermüdlich, ihr Erbteil zurückzugewinnen. Nach dem Sturz Napoleons erhielt sie auf dem Wiener Kongress Massa und Carrara zurück, während ihr ältester Sohn als Franz IV. nun Herzog von Modena und Reggio wurde.

Nach ihrem Tod 1829 – sie starb im Alter von 79 Jahren – wurden auch Massa und Carrara mit Modena vereinigt.

Maria Beatrice hatte sich als würdige Erbin des Hauses Este gezeigt, deren Konsequenz und Wille auch in der schwierigen Zeit, in der Napoleon an den Grundfesten Europas gerüttelt hatte, letztlich zum Erfolg führten.

Die Ära des Biedermeier und die politische Entwicklung in Italien

Nach der Französischen Revolution und nach Napoleon, der die alte Welt durcheinanderwirbelte, dessen Kriege unzählige Tote in ganz Europa hinterließen und der erst 1815 endgültig besiegt werden konnte, wurde unter der Führung von Metternich auf dem Wiener Kongress die neue Ordnung Europas festgelegt. Das Heilige Römische Reich Deutscher Nation war 1806 zu Grabe getragen worden.

Eine Erneuerung schien chancenlos. Die drei großen süddeutschen Länder Württemberg, Bayern und Sachsen waren inzwischen Königreiche geworden. Obwohl die alten Herzöge dieser Länder Napoleon nicht mehr wollten, konnten sie auf die Königskrone nicht verzichten, da sie für die Stabilität der Monarchien wichtig war.

Der Keim des Niederganges des Heiligen Römisch-Deutschen Reiches begann im Grunde genommen schon 1648 mit den Friedensschlüssen von Münster und Osnabrück nach Beendigung des Dreißigjährigen Krieges. Die Staaten waren souverän geworden, zum Teil protestantisch, und eine straffe Führung unter einem katholischen römisch-deutschen Kaiser kaum mehr vorstellbar.

Nach Napoleon begann jene Zeit, die in den Ländern des deutschen Bundes als „Biedermeier" bezeichnet wird. Eine Zeit, in der sich der Bürger seinen ureigenen Aufgaben widmete. Es war die Zeit der Hausmusik, der Kompositionen Schuberts und Schumanns, der Bilder Moritz von Schwinds, Karl Spitzwegs, Ferdinand Georg Waldmüllers und vieler anderer. Die Romantik prägte die Literatur. Zu nennen sind hier Grillparzer und Goethe, aber auch Georg Büchner und später Adalbert Stifter vertraten mit vielen anderen die geistigen Strömungen ihrer Zeit.

Die Architektur war elegant, oft eher schlicht und wohl auch eine Variante des Klassizismus. Karl Friedrich Schinkel und Josef Kornhäusel waren wichtige Vertreter des Baugeschehens. Die Möbel folgten einem einheitlichen Stil, zeichneten sich aber ebenfalls durch schlichte *Élégance* aus. Joseph Danhauser sen. und Michael Thonet prägten eigene Stilrichtungen. Die Damen trugen Reifrock und Korsett, die Herren färbige Gehröcke und Fracks.

Über allem schwebte die Zensur Metternichs, der konsequent darauf achtete, dass keine revolutionären Bewegungen gegen die alten und nun wieder eingesetzten Dynastien entstehen konnten.

Wenn auch diese Zensur und Überwachung der Bürger heute von den Tugendwächtern der Demokratie hart kritisiert wird, so war sie doch für den „normalen" Bürger kaum fühlbar und wesentlich eingeschränkter als das, was heute durch die perfekte elektronische Überwachung jedes Einzelnen, zu jeder Tages- und Nachtzeit, bei jedem Telefonat, jeder E-Mail und jedem Schriftstück zu gewärtigen ist.

Die Menschen brauchten Ruhe und die Menschen wollten Ruhe. Das heftige Aufbäumen gegen das Ancien Régime in der Zeit der Französischen Revolution wurde von den Bürgern im Habsburgerreich nicht wirklich verstanden. Habsburg war eine milde und gerechte Dynastie. Das fast bürgerliche familiäre Leben am Kaiserhof wurde vom Volk geschätzt. Die kaiserliche Familie war beliebt. Der Kaiser wurde nicht als „Ausbeuter" seines Volks gesehen, wie etwa Ludwig XVI. oder, wenn auch zu Unrecht, Marie Antoinette, sondern vielmehr als Vater seiner Bürger, seiner Länder, ja eigentlich jedes Einzelnen.

Die ungestümen Reformen des genialen Kaisers Joseph II. wurden vom Volk nicht wirklich verstanden, nicht wirklich für notwendig erachtet und in vielen Fällen nach seinem Tod wieder zurückgenommen. Es sollte alles so sein wie vor den französischen Gewittern.

Italien war im Wesentlichen in vier Teile geteilt: im Norden die Habsburger Staaten, das Königreich Lombardo-Venetien, südlich davon Parma, Modena und Toskana, in der Mitte – wie ein Gürtel, der Italien teilte – der Kirchenstaat, und im Süden das Königreich beider Sizilien, das, obwohl bourbonisch, ebenfalls dem Einflussbereich Habsburgs zugeordnet wurde.

Im Nordwesten aber lag das Königreich Sardinien-Piemont, das sich zunehmend als Keimzelle eines neuen, nationalen und einigen Italiens herausbilden sollte.

So dauerte diese ruhige und gemütliche – dennoch aber von wichtigen industriellen Entwicklungen geprägte – Zeit vom Ende des Wiener Kongresses 1815 bis zur Niederlage der Österreicher bei Solferino im Jahre 1859. Diese Niederlage sollte zum Treibsatz eines neuen Italiens werden.

Die Regierung der letzten Herzöge von Modena, Franz IV. und Franz V., spielte sich daher im Spannungsfeld zwischen Restauration, der bürgerlichen Revolution von 1848 und den Geburtswehen der Einigung eines neuen Italiens ab, die zuletzt nicht mehr verhindert werden konnte.

Franz IV. von Modena

Franz IV., der Sohn Erzherzog Ferdinand Karls, des Generalgouverneurs der österreichischen Lombardei und der Erbin des Hauses Este, Maria Beatrice, begleitete seine Eltern und Geschwister auf der Flucht vor den Franzosen nach Wien.

Es war nicht erstaunlich, dass er nicht nur die Französische Revolution hasste, sondern auch Napoleon, der seiner Familie so viel Ungemach bereitete. 1806, nach dem Tod seines Vaters, erlangte er die Herzogswürde von Modena, konnte jedoch die Regierung noch nicht ausüben, da Napoleon ganz Italien und demnach auch Modena beherrschte. Modena war seit 1805 dem napoleonischen Königreich Italien einverleibt.

Franz IV. (1779–1846), Erzherzog von Österreich und Herzog von Modena (Adeodato Malatesta, Öl, 1831)

Franz heiratete 1812 die älteste Tochter König Viktor Emanuels I. von Sardinien, Maria Beatrix von Savoyen, die ihm vier Kinder schenkte.

Nach dem Sturz Napoleons 1814 wurde das Herzogtum wieder an die Habsburger zurückgegeben. Dass Franz IV. eher im Geist des Absolutismus als in dem einer liberalen Demokratie herrschte, ist aufgrund der Erfahrungen, die er in seiner Jugend machte, nicht verwunderlich. So weigerte er sich auch, die Herrschaft des „Bürgerkönigs" Louis-Philippe I., die 1830 begann, als die Herrschaft der französischen Bourbonen beendet war, anzuerkennen.

Nach dem Tod seiner Mutter, Maria Beatrice von Este, im Jahre 1829 erbte Franz IV. zusätzlich zu Modena nicht nur Massa und Carrara, sondern auch das ungeheure Vermögen des Hauses Este.

Als einer der bedeutendsten Geheimbünde in den italienischen Staaten des 19. Jahrhunderts, die bereits erwähnten *Carbonari*, in Modena 1831 den Aufstand probten, ließ Franz, der kurzfristig das Land verlassen musste, nicht nur die Verschwörer verhaften und zum Tod oder zur Galeerenstrafe verurteilen, sondern wandte sich auch an Österreich um Hilfe. Es kam ihm dabei zugute, dass er auch General der Kavallerie in der österreichischen Armee war.

Nachdem die Aufstände mehr oder minder niedergeschlagen waren, führte Franz in den kommenden fünf Jahren seiner Regierung zahlreiche Reformen auf dem Gebiet der Wohlfahrt durch. Er entfaltete auch eine reiche kulturelle Tätigkeit, die unter anderem in mehreren bedeutenden Baudenkmälern ihren Ausdruck fand.

Bemerkenswert ist auch die Position Englands: Aufgrund kritischer Berichterstattungen britischer Zeitungen über seine Regierung kam es zum Konflikt zwischen Franz IV. und Großbritannien und schließlich zum Abbruch der diplomatischen Beziehungen.

Man darf vermuten, dass der Grund für den britischen Unmut weniger die Art der Regierung in Modena, als vielmehr der Umstand war, dass die Habsburger durch die Verbindung mit dem Haus Sardinien-Savoyen auch die jakobitischen Ansprüche auf den schottischen oder sogar den englischen Thron, zumindest formal, erworben hatten, was in London begreiflicherweise kaum Freude auslösen konnte.

Franz V. von Modena: Der Erbe des Hauses Stuart

„Bonnie Prince Charlie“– eigentlich Charles Edward Stuart – war einer der charismatischsten und romantischsten Prinzen des 18. Jahrhunderts. Er versuchte sein Königreich Schottland zurückzugewinnen, war auch zunächst in einigen Gefechten siegreich und eroberte 1745 schließlich sogar Edinburgh.

Die entscheidende Schlacht bei Culloden (1746) verlor er jedoch und floh mithilfe seiner Anhänger in das Hochland von Schottland. Er emigrierte dann nach Frankreich und verstarb nach einem bewegten Leben kinderlos in Rom.

Sein Bruder, Kardinalherzog von York, Henry Benedikt Stuart, erbte die Thronrechte und war der katholische Thronprätendent für den britischen Thron. Da auch er kinderlos war, vererbte er diese Rechte an Karl Emanuel IV. von Savoyen, von dem sie an seinen Bruder Viktor Emanuel I. übertragen wurden. Dieser wurde deshalb von den Jakobiten als Inhaber des britischen Throns angesehen und von ihnen als Viktor I. König von England, Schottland, Irland und Frankreich, bezeichnet – ein Titel, den er öffentlich nie beanspruchte.

Seine nominelle Position als Erbe des Hauses Stuart ging an seine älteste Tochter Maria Beatrix von Savoyen, die den Habsburger Franz IV. von Modena heiratete. Auch diese pochte nicht auf ihre Rechte als Erbin des Hauses Stuart, die sie nach ihrem Tod an ihren Sohn Franz V. von Modena vermachte. Es war nun ein Habsburger Erbe der jakobitischen Ansprüche geworden. Auch er aber nützte diesen Titel niemals öffentlich. Die Anhänger des Hauses Stuart verehrten ihn aber als Francis I. und versuchten, einen Gegenpol zur regierenden britischen Dynastie, wenn auch ohne Erfolg, aufzubauen.

Franz V. war und blieb Herzog von Modena. Er führte seine Regierung im absolutistischen Geist und stützte sich auf die dynastischen Verbindungen mit Österreich, das auch 1847, als revolutionäre Umtriebe begannen, Truppen nach Modena kommen ließ. Durch die Revolution im Frühjahr 1848 wurde Franz V. vertrieben und begab sich nach Österreich.

Franz V. (1819–1875), Erzherzog von Österreich und letzter Herzog von Modena (Luigi Manzini, Öl, zwischen 1845 und 1850)

Nach der Niederlage der Piemontesen durch die Truppen des Feldmarschalls Graf Radetzky kehrte Franz V. schon im Herbst 1848 wieder in sein Herzogtum Modena zurück. Er regierte nun bis zu einem Attentat, das auf ihn verübt wurde, milder als vor der Revolution, kehrte aber dann wieder zum Absolutismus zurück.

Elf Jahre später musste der Herzog allerdings als Verbündeter Österreichs nach der Schlacht von Magenta (1859) erneut das Land verlassen und zog sich mit seinen Truppen nach Mantua zurück. Bei den Friedensschlüssen von Villafranca und Zürich wurde die Wiedereinsetzung des Herzogs festgesetzt, Modena wurde jedoch auf Wunsch der Bevölkerung und mit Unterstützung Napoleons III. dennoch dem Königreich Sardinien-Piemont einverleibt.

Die einzige Tochter Franz V., Anna Beatrice Theresa Maria, aus der Ehe mit Prinzessin Adelgunde Auguste von Bayern, eine Tochter des bayerischen Königs Ludwig I., verstarb schon im Kindesalter. Franz V. selbst starb kinderlos 1875 in Wien und vermachte sein Vermögen dem Erzherzog Franz Ferdinand unter der Bedingung, dass der Name Este weitergeführt werden sollte. Das Attentat auf Franz Ferdinand und seine Gemahlin löste den Ersten Weltkrieg aus.

Als Nachfahre der Stuarts gingen die Thronansprüche Franz V., die er als Francis I., König von England, Schottland, Irland und Frankreich, niemals geltend machte, an das Haus Bayern über, da er mit Adelgunde, einer Tochter des späteren Königs Ludwig I. von Bayern, verheiratet war.

Habsburg und die Stuarts war nur ein kurzes, wenn auch interessantes Momentum der Geschichte, das heute vergessen ist.

Die Gegensätze zwischen Österreich und England hingegen vertieften sich, oft unmerklich, aber unaufhörlich und mündeten schließlich im Ersten Weltkrieg, der Urkatastrophe des 20. Jahrhunderts.

Das Königreich beider Sizilien (Neapel und Sizilien) – ein Überblick

„Der Leopard“ von Giuseppe Tomasi di Lampedusa ist der Roman Siziliens schlechthin. Er spielt zur Zeit der Einigung Italiens in der Mitte des 19. Jahrhunderts. Ein piemontesischer Gesandter des neuen Italiens besucht den Fürsten von Salina, einen sizilianischen Granden, um ihm die Würde eines Senators des soeben entstandenen jungen Königreiches anzutragen. „Sie wollen uns gute Manieren lehren [gemeint ist die Demokratie], aber sie werden es nicht fertigbringen, denn wir sind Götter“, fasst der Fürst von Salina maliziös seine Ablehnung zusammen. „Wir Sizilianer“, fährt der Fürst fort, „sind von einer langen, sehr langen Führerschaft von Regierenden, die nicht von unserer Religion waren, die nicht unsere Sprache sprachen, daran gewohnt uns durchzuhelfen.“ „Hätte man das nicht getan, so wäre man den Steuereintreibern aus Byzanz, den Emiren aus der Berberei, den Vizekönigen von Spanien nicht entronnen.“

In Sizilien sei es „nicht von Wichtigkeit“, so der Fürst weiter, „ob man übel oder ob man gut tut, die Sünde, die wir Sizilianer nie verzeihen, ist einfach die, überhaupt etwas zu tun. Wir sind alt, sehr alt. Den Schlaf wollen die Sizilianer und sie werden immer den hassen, der sie wecken will, brächte er auch die schönsten Geschenke. Ich bin ein Repräsentant des alten Standes, unausweichlich verknüpft mit dem bourbonischen Regime, an dieses Haus gebunden mit den Banden des Anstands in Ermangelung der Neigung.“

Ohne alles ganz verstanden zu haben, was der Fürst meinte, reiste der piemontesische Politiker enttäuscht wieder ab.

Verfolgt man die Geschichte Siziliens, so muss man dem Fürsten von Salina recht geben. Phöniker, Griechen und Karthager, die berühmten Tyrannen von Syrakus, natürlich die Römer und in ihrer Folge die Byzantiner und schließlich die Sarazenen herrschten über das Land. Ähnlich verlief die Geschichte Neapels, mit dem Unterschied, dass die Herzöge von Neapel um 835 nicht von den Sarazenen erobert wurden, sondern selbst die sizilianischen Araber zur Verstärkung neapolitanischer Truppen aufs Festland gerufen hatten, um Neapel in einem regionalen Konflikt mit dem Herzogtum Benevent zu unterstützen.

Im Unterschied zu Sizilien waren für Neapel jedoch die letzten eineinhalb Jahrhunderte des ersten Jahrtausends von anhaltendem Wohlstand geprägt. Neapel beherrschte nämlich vor den Venezianern und Genuesen den Seehandel im Mittelmeer.

Während Sizilien zwischen 1061 und 1088 von dem Normannen Robert Guiskard und seinem Bruder Roger erobert wurde, kam Neapel erst im Jahr 1139 nach zähem Widerstand in die Hand der Normannen und wurde Bestandteil des normannischen Königreichs Sizilien. Den Normannen gelang es durch eine geschickte Innenpolitik, die unterschiedlichen oströmisch-byzantinisch-arabischen und westlichen Wurzeln der Region zu einem einzigartigen und eigenständigen kulturellen Konglomerat zu verschmelzen.

Der letzte normannische König Wilhelm II. verstarb im Jahr 1189 ohne leiblichen Erben. Erbberechtigt war Wilhelms Tante Konstanze, die den Staufer Kaiser Heinrich VI. geheiratet hatte. Die Staufer regierten nunmehr nicht nur im Reich, sondern auch in Neapel und Sizilien.

Nach Kaiser Heinrich VI., dem Sohn Friedrich Barbarossas, trat Friedrich II., dessen Anhänger ihn als *Stupor Mundi* (Staunen der Welt) verehrten, die Regierung sowohl in Neapel als auch in Sizilien an. Er war seiner Zeit weit voraus, gründete wissenschaftliche Einrichtungen, organisierte die Verwaltung neu, war selbst forschend tätig und ließ das Gesetzbuch „Liber Augustalis" erarbeiten, das für Süditalien und Sizilien bis ins 19. Jahrhundert hinein Gültigkeit haben sollte. Mit der Universität Neapel gründete Friedrich die erste staatliche Hochschule Europas. Sein Buch über die Falkenjagd ist noch heute Standardliteratur. Friedrich gelang es – ohne Kriege – auch, mit dem gebildeten und kunstsinnigen Sultan Al-Kamil Muhammad al-Malik einen zehnjährigen Waffenstillstand im Heiligen Land abzuschließen. Die beiden geistesverwandten Herrscher begegneten sich nie persönlich, dennoch übergab der Sultan den Christen Jerusalem, Bethlehem und Nazareth. Friedrich II. hatte sein Ziel ohne Blutvergießen erreicht, konnte aber dennoch den fanatischen und absolutistischen Papst Gregor IX., der ihn gebannt hatte, nicht für sich gewinnen.

Die Angst der Päpste, im Norden vom Heiligen Römischen Reich und im Süden von Kaiser und König Friedrich II. umklammert zu sein, war letztlich die Triebfeder ihres Handelns. Nach dem Tod Friedrich II. schloss der französische Papst Clemens IV. ein Abkommen mit Karl I. von Anjou, dem Bruder des französischen Königs Ludwigs IX. (der Heilige), mit dem Sizilien an Karl übertrugen wurde.

1266, in der Schlacht bei Benevent, besiegte Karl schließlich König Manfred, den Sohn Friedrichs II., und ließ zwei Jahre später den letzten Staufer, Konradin, grausam hinrichten.

Der Steuerdruck der französischen Verwaltung führte aber schon 1282 zur „Sizilianischen Vesper“. Die Bürger Palermos erhoben sich gegen Karl und vertrieben diesen von der Insel. Peter III., König von Aragon, der mit einer Tochter des Staufers Manfred verheiratet war, wurde zum neuen sizilianischen König gekrönt. Dem Haus Anjou verblieb lediglich das Königreich Neapel.

Schon im Hochmittelalter gab es eine kurzfristige Verbindung mit Habsburg, als Johanna von Durazzo, die Tochter Karls III. von Neapel, 1403 Herzog Wilhelm, den Sohn Leopolds III. und der Viridis Visconti, heiratete. Die Ehe blieb jedoch kinderlos. Wilhelm starb bereits 1406. Ein wirklicher Einfluss der Habsburger auf Neapel war dadurch nicht entstanden.

Sizilien wurde nun von Spanien verwaltet, während Neapel bis 1442 im Besitz des Hauses Anjou blieb. In diesem Jahr besiegte der aragonesische König Alfons V. den letzten Anjou, sodass nun auch Neapel unter spanische Verwaltung kam. Von Karl V. bis zum Spanischen Erbfolgekrieg waren es die spanischen Habsburger, die Neapel und Sizilien meist durch Vizekönige verwalteten ließen.

1713 geriet Sizilien vorerst an Savoyen, danach kurz an die österreichischen Habsburger und 1735 wieder an Spanien, das nun von den Bourbonen regiert wurde.

Nachdem 1799 die französischen Revolutionstruppen Neapel erobert hatten, floh der spanisch-bourbonische König Ferdinand IV., der mit Maria Karolina, einer Tochter Maria Theresias, verheiratet war, nach Palermo. 1815, nach Neapel zurückgekehrt, vereinigte Ferdinand die Königreiche Neapel und Sizilien zum Königreich beider Sizilien.

Neapel stand politisch unter dem Einfluss Österreichs. Unter Billigung der Heiligen Allianz (Österreich, Russland und Preußen) im Laibacher Kongress, entsendete Österreich 1821 Truppen nach Neapel, die einen Aufstand gegen das bourbonische Herrscherhaus niederschlugen.

Nachdem die Freischaren Giuseppe Garibaldis Sizilien – im berühmten „Zug der Tausend“ – eingenommen hatten, wurde die Insel 1861 mit dem neuen Königreich Italien vereinigt.

Die neue italienische Regierung hatte nur wenig Verständnis für den Süden. Während im Norden Handel, Gewerbe und Industrie begünstigt wurden, war das agrarische Sizilien strukturell benachteiligt. 1866 kam es zu einem Aufstand in Palermo, der an der Zugehörigkeit Siziliens zu Italien je-

Der römisch-deutsche Kaiser Friedrich II. (1194–1250) mit seinem Falken (aus seinem Buch De arte venandi cum avibus *[Über die Kunst, mit Vögeln zu jagen], spätes 13. Jahrhundert)*

doch nichts änderte. Weder den letzten Bourbonen noch dem neuen Italien gelang es, die Wunden der Vergangenheit zu heilen und das Land für die Zukunft zu rüsten.

Die Chance des Neuanfangs war vertan: Statt zur treibenden Kraft einer Erneuerung Italiens zu werden, sei der *Mezzogiorno* – also Süditalien – von der italienischen Einigungsbewegung geradezu überrollt

Künstlerische Dramatisierung der „Sizilianischen Vesper" durch den italienischen Künstler Michele Rapisardi (Öl, 1864/65)

Die 3. Szene der Gemäldeserie „Die Sizilianische Vesper" von Francesco Hayez gilt in Italien als eines der berühmtesten Bilder des 19. Jahrhunderts. Die Szene ist kurz vor dem Ausbruch des Volkstumults gegen die französische Herrschaft Karls I. angesiedelt; einzig die Person rechts, die sich mit erhobenem Dolch dem Kreuz zuwendet, gibt einen Hinweis auf Kommendes, das mit der Vertreibung des Hauses Anjou aus Sizilien endet. Die 3. Person von rechts ist die junge Palermitanerin Bianca di Messina, die am Tag nach Ostern dem Brauch gemäß für die Teilnahme an der Vesper zur Kirche von Monreale pilgerte und auf dem Weg dorthin von einem französischen Soldaten belästigt wurde, was zum Auslöser jener blutigen Unruhen wurde, die als „Sizilianische Vesper" in die Geschichte eingingen. (Öl, 1846)

worden und habe sich davon bis heute nicht erholt, schreibt Friederike Hausmann in ihrer Biographie über Königin Maria Karolina. Der Fürst von Salina, der „alte Leopard", dessen Weisheit Tomasi di Lampedusa Stimme verlieh, hatte dies wohl vorausgesehen, als er sich entschloss, dem neuen italienischen Königreich fernzubleiben.

Maria Karolina von Neapel-Sizilien: Königin und Kämpferin

Maria Theresia war nicht nur eine große Kaiserin, sondern auch eine gestrenge und temperamentvolle Mutter: „Ich kann diese Ungezogenheit von Dir nicht vergessen und werde Dir nie verzeihen. Deine Stimme und Deine Sprache sind ohnedies schon unangenehm genug. Du darfst Deine Stimme

Franz II. (1836–1894) war von 1859 bis 1861 der letzte König beider Sizilien. (Unbekannter Fotograf, ca. 1860er Jahre)

niemals erheben. Du musst Deinen Geist beschäftigen, denn das wird Dich davon abhalten, unpassende Bemerkungen zu machen." Thea Leitner zitiert diese Passage aus einem Billet Maria Theresias an Maria Karolina, das anscheinend spontan nach einer lautstarken Auseinandersetzung im Familienkreis verfasst wurde. Maria Karolina war das 13. Kind von Maria Theresia und Franz I.

Während die männlichen Nachkommen des Kaiserpaares sich ohne allzu große Widerstände den strengen Ausbildungsplänen ihrer Eltern unterwarfen, waren es vor allem die Töchter Marie Antoinette, deren tragisches Schicksal als Königin von Frankreich damals noch nicht vorhersehbar war, und vor allem Maria Amalia, die spätere Herzogin von Parma, und eben Maria Karolina, die sich von Zeit zu Zeit ihrer strengen Mutter zu widersetzen versuchten. In ihrem Temperament, in ihrem starken Willen und in ihrer Fähigkeit zu herrschen, dürfte Maria Karolina ihrer Mutter am ähnlichsten gewesen sein. In dem Bemühen, Habsburg und Bourbon immer mehr zu verbinden, war eine Ehe mit König Ferdinand I. von Neapel-Sizilien vorgesehen.

Eigentlich sollten die Erzherzoginnen Johanna Gabriela und in der Folge Maria Josefa den neapolitanischen Thronerben heiraten. Beide starben aber vor der Hochzeit an den Blattern, der Geisel des Hauses Habsburg zur damaligen Zeit, sodass nunmehr Maria Karolina bzw. Maria Charlotte, wie sie als Kind hieß, für den Thron in Neapel vorgesehen war.

Bereits mit 16 Jahren wurde sie durch Prokuration in Wien mit ihrem zukünftigen Mann verheiratet. Sie stand damit vor einer großen Herausforderung, wie folgende Zeilen eines österreichischen Diplomaten deutlich machen: „Die neapolitanische Partei wünscht nichts sehnlicher, als dass Ihre Majestät, die zukünftige Königin, sich der Regierung, da es des Königs

Majestät an dem Willen, als auch an der Fähigkeit fehlt, annehmen und mithin der gänzlichen Zugrunderichtung dieser in so elenden Umständen sich befindlichen Länder zuvorkommen möchte." Hier werden bereits kurz und prägnant die Probleme, die Maria Karolina in Neapel erwarteten, skizziert.

Maria Theresia gab ihrer Tochter einen weiteren Rat: „Eine andere Mutter als ich würde Dich aneifern, nach Teilnahme an den Geschäften zu streben; Ich aber kenne allzu sehr ihre Last und die damit verbundene Gefahr, um Dich da hinein ziehen zu wollen. Selbst wenn der König Dich an seiner Regierung teilnehmen lassen, Dich in die Geschäfte einweihen und Dich zu Rate ziehen will, darfst Du es niemals nach außen hin zeigen. Ihm lasse vor der ganzen Welt die Ehre und begnüge Dich mit seinem Vertrauen."

Diesem Rat ihrer Mutter wollte Maria Karolina nun wirklich nicht folgen. Sie war lebhaft, geistvoll, gebildet und durch harte Erziehung auf ihre Stellung als Königin vorbereitet worden. Dem neapolitanischen Chaos einfach zuzuschauen, konnte ihr nicht zugemutet werden.

Ferdinand hingegen war eher derb, ungebildet und fand vor allem Gefallen an der Jagd, am maßlosen Essen und an kindischen Streichen, die ihn aber bei Teilen der Neapolitaner, insbesondere aber bei den *Lazzari*, durchaus beliebt machten.

Die lange Nase der Bourbonen war bei Ferdinand besonders ausgeprägt und trug ihm den Spitznamen „Re Nasone" (König Langnase) ein. Sicherlich kann man von keinem Liebesverhältnis der jungen Ehegatten sprechen, dennoch aber brachte Maria Karolina zwischen 1772 und 1793 18 Kinder zur Welt!

Ganz im Gegensatz zu ihrer Heimat Österreich fand die Königin ein Volk vor, das unter bitterster Armut litt und von Klerus und Adel ausgebeutet wurde. Kaiser Joseph II., der immer bemüht war, seine Schwestern zu beraten und zu unterstützen, versuchte bei zwei Reisen, die er nach Neapel unternahm, seinem Schwager ins Gewissen zu reden, so wie er dies auch bei Ludwig XVI. und Marie Antoinette – wie wir wissen vergeblich – versucht hatte.

Maria Karolina nahm, durchaus im Einvernehmen mit ihrem Mann, sehr bald die Geschicke des Landes in ihre Hände und versuchte Ordnung im Staat zu schaffen. Vor allem bemühte sie sich den Einfluss ihres Schwiegervaters, Karls III. von Spanien, zurückzudrängen. Karl hatte, bevor er die Regierungsgeschäfte in Spanien seinem Sohn übergab, in Neapel und Sizilien als König erfolgreich und beliebt beim Volk geherrscht.

Maria Karolina, Prinzessin von Bourbon-Sizilien, Herzogin von Berry (1798–1870), war die älteste Tochter Franz I., des späteren Königs beider Sizilien. (Thomas Lawrence, Ölbild, 1825)

Zwei Eigenschaften hatte Maria Karolina von ihrer Mutter Maria Theresia geerbt: Ehrgeiz und Intelligenz! Die Vorrechte von Adel und Klerus wurden eingeschränkt und eine gerechtere Verteilung der Steuerlasten eingeführt. Neapel-Sizilien sollte nach Auffassung Maria Karolinas ein starkes Königreich im Süden Europas sein. Es sollte im Konzert der großen Mächten entsprechend gehört werden.

Durch die starke Einflussnahme Maria Karolinas in die Politik machte sie sich nicht nur Freunde, sondern erweckte auch das Misstrauen Spaniens, Frankreichs und viel später auch das Englands.

Ratgeber der jungen Königin war vorerst vor allem Marzio Mastrilli (Marchese di Gallo), der Neapel in Wien als Botschafter vertrat. In zahlreichen Briefen teilte Maria Karolina ihm ihre Pläne mit und ließ Gallo ihre Wünsche wissen, die dieser bestens unterstützte oder zu unterstützen hatte.

Den ersten Minister, den noch der Vater Ferdinands eingesetzt hatte, Bernardo Tanucci, drängte sie aus dem Amt, da er zu sehr die Wünsche Spaniens in Neapel durchzusetzen versuchte. Maria Karolina förderte stattdessen den aus Florenz kommenden Marineminister Sir John Acton und später Luigi de' Medici, den sie zum ersten Minister des Königreiches machte.

Während Maria Karolina vorerst Verständnis für die Erneuerungsideen, die der Französischen Revolution vorausgegangen waren, hegte und das Land liberalen Ideen, der Wissenschaft und der Kunst öffnete, verwandelten sich diese Sympathien in Hass, als ihre Lieblingsschwester Marie Antoinette und ihr Schwager Ludwig XVI. vom neuen Regime in Frankreich hingerichtet wurden. Von diesem Zeitpunkt an sehen wir die Königin als konsequente Gegnerin alles dessen, was in Frankreich geschah, und als Feindin Napoleons, den sie gleichermaßen hasste und bewunderte. Welchen Stellenwert sie in der europäischen Politik hatte, erhellt sich auch daraus, dass Napoleon sie „die gefährlichste Frau Europas" nannte.

Marzio Mastrilli, Marchese (später Herzog) di Gallo (1753–1833), neapolitanischer Gesandter in Wien (Heinrich Füger, Öl, 1790)

Nach der Annexion von Nizza und Savoyen durch Frankreich und der Vertreibung der regierenden Fürsten der Lombardei und der Toskana näherten sich die französischen Truppen der Südspitze Italiens. Maria Karolina sah, dass die schlecht organisierte neapolitanische Armee der gut ausgerüsteten und kampferprobten französischen Streitmacht nicht gewachsen sein würde und willigte schließlich in einen Sonderfrieden 1797 mit Frankreich ein. Napoleon sah Neapel und Sizilien als wichtige strategische Punkte für die Herrschaft im Mittelmeer an. Nachdem Neapel schon der ersten Koalition 1793 gegen Frankreich beigetreten war, unter anderem mit Österreich, England, Preußen und den Niederlanden, traten Ferdinand und Karolina, trotz des Sonderfriedens von 1797, ein Jahr später auch der zweiten Koalition gegen Frankreich bei.

Im selben Jahr versuchte das Königreich in einem verzweifelten Befreiungsschlag mit einer neapolitanischen Armee bis Rom vorzudringen, um den Kirchenstaat zu befreien. Ein Versuch, der mit einer vernichtenden Niederlage der Truppen Neapels endete. Die französische Dominanz führte dazu, dass die Königin sich England in der Person des Admirals Horatio Nelson und seiner Geliebten Emma Hamilton (der Frau des britischen Geschäftsträgers in Neapel) anschloss. Mit Hilfe Nelsons floh die Königsfamilie Ende Dezember 1798 nach Palermo und regierte die nächsten Jahre in Sizilien. Ungebeugt versuchte Maria Karolina von dort aus den Widerstand gegen Napoleon zu organisieren.

Nachdem die französischen Truppen 1799 Neapel erobert hatten, wurde die so genannte Parthenopäische Republik ausgerufen. Der Name Parthenope[6] war eine alte Bezeichnung für Neapel[7] und sollte die wiedergewonnene Freiheit des Volkes symbolisieren. Napoleon rechnete aber nicht mit der Initiative der Königin. Mit einer aus bäuerlichen Freiwilligen rekrutierten Armee eroberte Kardinal Fabrizio Ruffo, ein Vertrauter des Königspaares, für Maria Karolina nach knapp fünf Monaten Neapel und die Parthenopäische Republik war am Ende. Unterstützt wurde der tapfere Kirchenfürst, der in seinen Aktivitäten an die kriegerischen Päpste der Renaissance erinnerte, durch die englische Flotte, die, an der Küste entlangsegelnd, die Truppen Ruffos mit Waffen versorgte.

6 Parthenope ist in der griechischen Mythologie eine der Sirenen. Nachdem die Argonauten heil an der Insel der Sirenen vorbeigesegelt waren, sollen die Sirenen durch einen Sprung ins Meer Selbstmord verübt haben. Parthenope wurde in der Nähe von Neapel tot angeschwemmt und an diesem Ort bestattet. Die Neapolitaner erhoben sie dann zur Schutzgöttin Neapels.

7 Parthenope als dichterische Bezeichnung Neapels geht auf Vergil (Georgica 4, 564) zurück.

Im Juni 1800 wendete sich die unermüdliche Königin mit einem Hilfegesuch an ihren Neffen Kaiser Franz II., der ihre Tochter Maria Theresia geheiratet hatte, und reiste mit ihrem jüngeren Sohn Leopold und drei unverheirateten Töchtern nach Wien. Ihre Bemühungen bei Franz II. stießen aber auf geringe Gegenliebe, da dieser mit eigenen Schwierigkeiten im Zusammenhang mit den französischen Aggressionen gegen sein Reich zu kämpfen hatte. Zweck der Reise waren aber auch Heiratsverhandlungen für ihre zahlreichen Töchter. In Wien kümmerte sich Maria Karolina vor allem um ihre Lieblingsenkelin Marie Louise, die später französische Kaiserin und nachfolgend Herzogin von Parma werden sollte.

Die Sirene Parthenope, Schutzgöttin von Neapel, deutet warnend auf den Vesuv (G. Bultasson, Dat. unbekannt)

Ohne wirklich etwas erreicht zu haben und weiter von Napoleon bedrängt, kehrte Maria Karolina im Jahr 1802 wieder nach Neapel zurück. Ein Höhepunkt der Macht Napoleons war nunmehr erreicht. 1804 krönte er sich zum Kaiser der Franzosen und bereits 1805 zum König ganz Italiens (Rex totius Italiae). Neapel wurde wieder erobert und Joseph Bonaparte, der Bruder Napoleons, als König eingesetzt. Vier Jahre später folgte ihm Joachim Murat, der Caroline Bonaparte, eine Schwester Napoleons, geheiratet hatte, auf den Thron.

In der Schlacht bei Trafalgar im Oktober 1805 fiel Nelson und die Königin war einerseits ihrer wertvollsten Stütze und andererseits auch der Sympathien Englands beraubt. 1806 sah sie sich von allen im Stich gelassen und musste neuerlich Neapel in Richtung Palermo verlassen. Die nimmermüde Herrscherin, die niemals davon abließ, für ihr Land zu kämpfen und bereits im für die damalige Zeit fortgeschrittenen Alter von 54 Jahren war, regierte nunmehr auf Sizilien mehr oder minder durch die Gnade der Engländer.

Die Beziehung zu England wurde jedoch immer problematischer, da die Briten die Insel besetzen wollten, um einen festen Stützpunkt gegen Napoleon im südlichen Mittelmeer aufzubauen. Für eine wirklich kraftvolle Politik zugunsten ihres Königreiches Neapel-Sizilien fehlten der Königin jetzt alle Möglichkeiten. Letztlich musste ihr Mann auf Druck der britischen

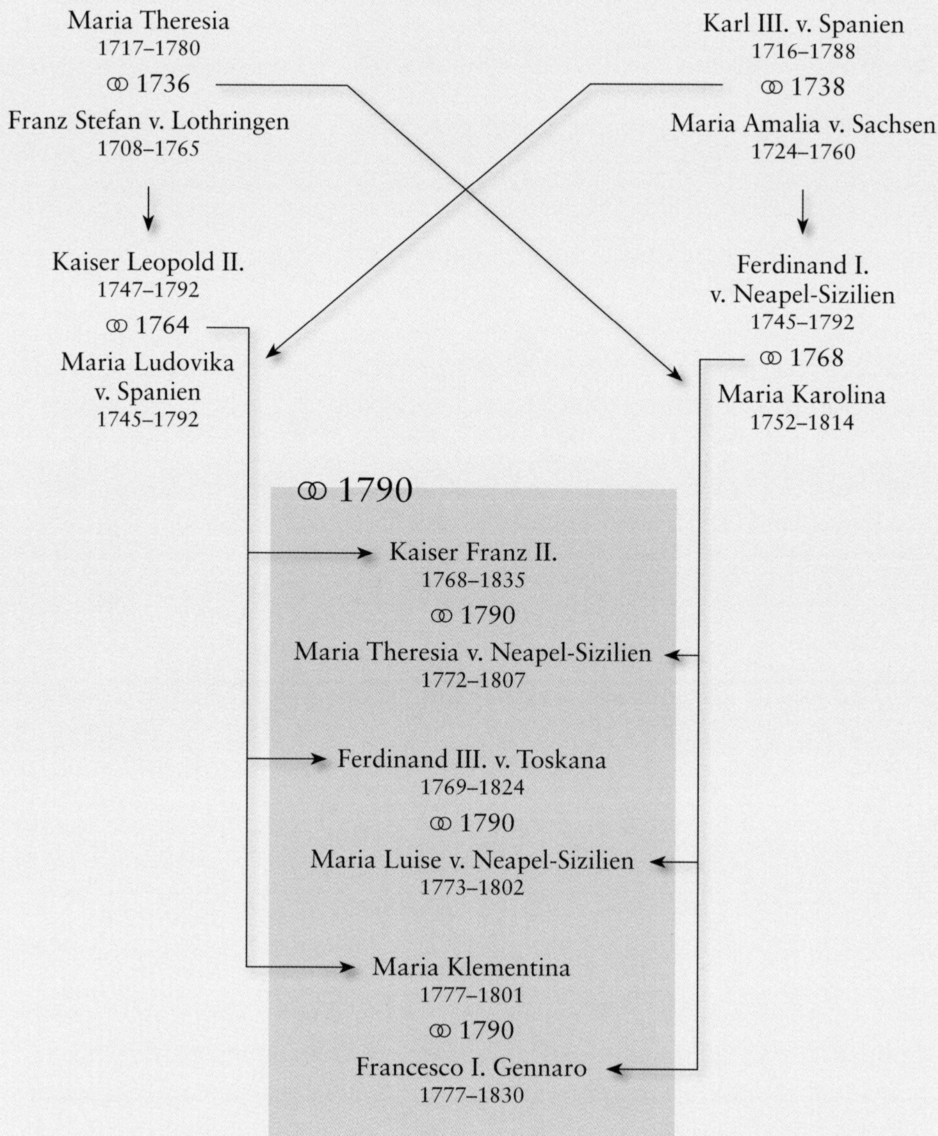
Dreifachhochzeit
Habsburg–Bourbon (Neapel)
Auszug
Maria Theresia
1717–1780
⚭ 1736
Franz Stefan v. Lothringen
1708–1765
Karl III. v. Spanien
1716–1788
⚭ 1738
Maria Amalia v. Sachsen
1724–1760
Kaiser Leopold II.
1747–1792
⚭ 1764
Maria Ludovika
v. Spanien
1745–1792
Ferdinand I.
v. Neapel-Sizilien
1745–1792
⚭ 1768
Maria Karolina
1752–1814
⚭ 1790
Kaiser Franz II.
1768–1835
⚭ 1790
Maria Theresia v. Neapel-Sizilien
1772–1807
Ferdinand III. v. Toskana
1769–1824
⚭ 1790
Maria Luise v. Neapel-Sizilien
1773–1802
Maria Klementina
1777–1801
⚭ 1790
Francesco I. Gennaro
1777–1830

Ludwig Philipp II. Joseph, Herzog von Orléans (1747–1793), genannt Philippe Égalité: Seine Stimme führte zum Todesurteil gegen Ludwig XVI., was den Herzog aber nicht vor der Guillotine bewahrte. Er wurde am 3. Oktober 1793 hingerichtet. (Antoine-François Callet, Öl, zweite Hälfte 18. Jh.)

Regierung zugunsten seines Sohnes Francesco I. Gennaro abdanken. Die Königin wurde eher rüde aufgefordert, Sizilien zu verlassen und zu ihrer Familie nach Wien zurückzukehren.

Wie die „unsterbliche Maria Theresia", wie Maria Karolina ihre Mutter immer nannte, verfolgte auch sie eine ähnliche Heiratspolitik. Schon 1790 heirateten, in einer damals vielbeachteten Dreifachhochzeit, drei Kinder Kaiser Leopolds II., nämlich der spätere Kaiser Franz II./I., Ferdinand III. von Toskana und Erzherzogin Maria Klementina, die Nachkommen Maria Karolinas: Maria Theresia, Maria Luisa und Francesco Gennaro von Neapel.

Da Maria Klementina und Francesco Gennaro noch zu jung waren, wurde die Ehe erst später vollzogen. Der Ahnenschwund war beachtlich. Statt acht Urgroßeltern gab es nur vier. Die genetischen Komplikationen waren jedoch erstaunlich gering. Lediglich der spätere Kaiser Ferdinand I., der Sohn Kaiser Franz II./I., litt an Epilepsie, die jedoch auch seinen Onkel Erzherzog Karl belastete, da diese Krankheit damals medizinisch noch nicht richtig eingeordnet werden konnte. Ferdinand, dessen Kopf im Vergleich zu seinem Körper etwas groß schien, war im Volk sehr beliebt und auch die Revolution 1848 richtete sich nicht gegen ihn, sondern gegen das „Metternichsche System". Ferdinand spielte Klavier und Trompete, beschäftigte sich mit Naturwissenschaften, vor allem auch Botanik, und zeigte sich sehr an allen technischen Entwicklungen interessiert. Von tatsächlichen Folgen einer Funktionsstörung des Gehirns kann somit nicht gesprochen werden.

Auch die weiteren Verbindungen der Kinder Maria Karolinas waren dynastisch geprägt: Eine jüngere Tochter, Maria Christina Amalia, wurde durch ihre Vermählung mit Karl Felix I. Königin von Sardinien-Piemont, ihre Schwester Maria Antonia durch ihre Heirat mit König Ferdinand VII. Königin von Spanien.

Problematischer war die Ehe von Maria Amalia Teresa, die Prinz Louis-Philippe, der später der letzte König Frankreichs wurde, ehelichte. Die Beziehung zwischen Louis-Philippe und Maria Karolina konnte nicht friktionsfrei sein. Einerseits war er der Sohn jenes Philippe Égalité (Louis-Philippe II. Joseph von Orléans), der für den Tod Ludwig XVI. stimmte, andererseits verfolgte er auch als „Bürgerkönig" nicht unbedingt die dynastischen Vorstellungen seiner neapolitanischen Schwiegermutter.

Maria Karolina erreichte noch die Nachricht über die Niederlage Napoleons in der Völkerschlacht bei Leipzig am 19. Oktober 1813. Nach einer längeren und mühevollen Reise über Konstantinopel, Odessa, Lemberg und Budapest traf die Königin schließlich im Jänner 1814 in Wien ein, wo sie am 8. September 1814 an den Folgen eines Schlaganfalls starb. Die Rückgabe des Thrones an ihren Sohn Francesco I. im Rahmen des Wiener Kongresses erlebte sie nicht mehr.

In ihrer bemerkenswerten Biographie „Herrscherin im Paradies der Teufel" fasst Friederike Hausmann treffend zusammen: „Wäre es Maria Karolina vergönnt gewesen, das Ende des Wiener Kongresses zu erleben, hätte sie sich ohne Zweifel am Ziel ihrer politischen Wünsche gefühlt und mit vollem Recht die Überzeugung hegen können, dass die Wiederherstellung ihres Königreiches ohne ihren hartnäckigen Kampf gegen Napoleon, gegen dessen Bruder Joseph und Joachim Murat und schließlich gegen die Engländer nicht gelungen wäre."

Insgesamt erhielt Italien nach dem Wiener Kongress genau die politische Gestalt, die der Tochter der „unsterblichen Maria Theresia" von Anfang an vorgeschwebt war. Das Königreich beider Sizilien blieb – in enger Anlehnung an Österreich – unter der einheimischen Dynastie der Bourbonen selbstständig. Auch das übrige in drei größere und mehrere Kleinstaaten aufgeteilte Italien war – abgesehen vom Kirchenstaat – nun habsburgisch dominiert.

Ausgangspunkt für die Einigung Italiens, die man auf dem Wiener Kongress noch nicht vorhergesehen hatte, war jedoch das Königreich Sardinien-Piemont, dem es letztlich 1861 gelang, die Halbinsel unter seine Herrschaft zu bringen.

Österreichisches Küstenland

Noch heute wirbt die kroatische Tourismusindustrie mit der k.u.k. Riviera, die in der zweiten Hälfte des 19. Jahrhunderts bis zum Beginn des Ersten Weltkriegs Sehnsuchtsort und Erholungsraum, nicht nur der Menschen Österreich-Ungarns, sondern auch zahlreicher anderer Europäer war.

Triest, Duino, Portorose und Abbazia waren die Zentren. Teilweise länger als ein halbes Jahrtausend gehörten die österreichischen Küstengebiete zu Habsburg. *Litorale* war ihr lateinischer Übertitel. *Litorale* ist die Bezeichnung einer Küstenregion, hier vor allem der Adria. Im Wesentlichen bestand das Küstenland aus der Markgrafschaft Istrien, der gefürsteten Grafschaft Görz und Gradisca und der reichsunmittelbaren Stadt Triest, der wir uns im nächsten Kapitel widmen wollen.

Die einzelnen Länder und auch einzelne Landstriche waren zu ganz unterschiedlicher Zeit und oft auch in unterschiedlicher Art und Weise den österreichischen Erbländern und damit auch bis 1806 dem römisch-deutschen Reich zugeordnet worden. Zuerst kam – 1335 als Hinterland – die Krain zu Habsburg; zuletzt 1797, aus venezianischem Besitz, die Westküste von Istrien, Dalmatien und die Bucht von Catarro (Kotor).

Schon vor der Wahl Rudolfs I. von Habsburg zum römisch-deutschen König gab es eine Beziehung zu Görz und Tirol: Albrecht – der spätere König Albrecht I. – heiratete Elisabeth, die Tochter des Grafen Meinhards II. von Tirol im Jahr 1274. Ihre Mutter, Elisabeth von Bayern-Wittelsbach, war eine Halbschwester Konradins, des letzten Hohenstaufen, der von Karl von Anjou enthauptet worden war. Die hohenstaufische Herrschaft in Neapel-Sizilien wurde gewaltsam beendet.

Etwas mehr als 200 Jahre später kam Görz um 1500, nach dem Aussterben der Grafen von Görz, zu Habsburg, während Gradisca von Kaiser Ferdinand III. den Fürsten von Eggenberg erst 150 Jahre später, 1647, als erbliches Reichslehen übertragen wurde. Nachdem das Geschlecht der Eggenberger 1717 erlosch, fiel Gradisca durch Erbvertrag wieder direkt an die Habsburger. Die Halbinsel Istrien hingegen hatte eine bewegte Geschichte, die bis zum Frieden von Campo Formio 1797 vor allem von Venedig geprägt war. Das deutlich erkennbare venezianische Flair der Küstenstädte

Das Amphitheater in Pula an der Südspitze der istrischen Halbinsel

Görz: Die Porta Leopoldina – das Zugangstor zur Oberstadt – wurde 1660 für den Besuch von Kaiser Leopold I. mit Doppeladler sowie dem Wappen der habsburgischen Grafschaft Görz und des Hauptmanns Ernst Graf Herberstein gestaltet. (2010)

Istrische Landschaft nahe Puntera (2002)

trägt unverkennbar die architektonische Handschrift der *Serenissima*. Alles in allem war das Küstenland von zahlreichen deutschen, venezianischen, slowenischen und kroatischen Einflüssen geprägt.

Vor allem Görz und Gradisca wurden durch die Wucht der Isonzo-Schlachten im Ersten Weltkrieg zu großen Teilen zerstört und die bedauernswerte Bevölkerung zählte zu den Hauptopfern des südlichen Kriegsschauplatzes.

Das ganze Gebiet war multinational und überwiegend von Italienern, Slowenen und Deutschen besiedelt. Es kam ihm zugute, dass die Herrschaft der Habsburger in dem Bemühen, den einzelnen Ländern möglichst ihre individuellen und historischen Eigenheiten zu lassen, immer föderativ war. Während in anderen europäischen Ländern, etwa in Frankreich und in England, aber auch in Spanien, vor allem militärische Eroberungen gang und gäbe waren, wählten die Habsburger meist einen anderen Weg. Überwiegend waren es Heiratskontrakte, Verträge und Erbfälle, die die Länder mit Österreich verbanden.

Die Redlichkeit der Habsburger, die sie entschieden vom Imponiergehabe anderer Dynastien unterschied, war durch Jahrhunderte hindurch Grundlage und Regierungsstil habsburgischer Herrschaft.

Bis nach dem Ende des Weltkrieges waren Görz und Gradisca, Istrien und Triest eigenständige Kronländer, mit eigenem Landtag, Landesausschuss und einem vom Kaiser bestellten Landeshauptmann. Es gab einen gemeinsamen k. k. Statthalter, der in Triest saß.

Das Gemeinsame in Sprache und Kultur, in Schicksal und Geschichte entwickelte besonders in diesem südlichsten Gebiet der Monarchie eine übernationale, mediterrane Gesellschaft, die mehr von der Freiheit des Meeres geprägt war als von territorialen Herrschaftsansprüchen. Diese überließ man den Landbewohnern im Norden oder „hinter den Bergen".

Kennzeichen war die färbige, in der Hitze der südlichen Sonne flimmernde, bunte und auch laute Welt der Küstenbewohner, die die Menschen aus dem Norden anzog.

Nachdem Venedig 1797 zu Österreich gekommen war, war es auch die k. k. Kriegsmarine, die, vorerst venezianisch geprägt, nun eine wesentliche Rolle spielte. Sie unterstrich die Stellung des Küstenlandes, Vorbote des Reiches am Mittelmeer zu sein. Wien wurde als Mittelpunkt des Reiches, der Kaiser als dessen selbstverständliches Oberhaupt empfunden.

Triest – das Tor zur Welt

Im 18. Jahrhundert war noch nicht absehbar, dass Triest einmal der internationale Treffpunkt des Reiches schlechthin werden sollte. Die Mehrheit bildeten Italiener, gefolgt von Slowenen und Deutsch-Österreichern. Aber auch Griechen, Engländer, Armenier, Türken und Juden trafen sich in einer friedlichen Symbiose meist internationaler Geschäfte und Kultur.

Triest war nie italienisch im nationalen Sinne, sondern über ein halbes Jahrtausend habsburgisch, Bestandteil des alten römisch-deutschen Reiches und schließlich des Vielvölkerstaates Österreich-Ungarn. Die Siedlung, aus der sich später die große Hafenstadt entwickeln sollte, hieß ursprünglich Tergeste und wurde das erste Mal von dem griechischen Geographen Artenidor von Ephesus 104 v. Chr. erwähnt. 580 Jahre, bis zu seinem Untergang, war Triest Bestandteil des Weströmischen Reiches. Die nächsten 298 Jahre teilte die Stadt das allgemeine Schicksal Istriens, wo Ostgoten, Byzantiner und Langobarden einander in der Herrschaft folgten. 774 dann wurde es Bestandteil der Mark Friaul Karls des Großen. Unter Lothar III. wurde es einem Bischof unterstellt, der auch die weltliche Herrschaft ausübte. Diese ging aber 1203 zu Ende, als Venedig die Stadt eroberte.

Es war schließlich die Regierung des habsburgischen Herzogs Leopold III., des Bruders Rudolf des Stifters, in der die zahlreichen Konflikte Triests mit der *Serenissima* beendet wurden. Am 30. September 1382 stellte sich Triest unter den Schutz der Habsburger und verblieb dort mehr als ein halbes Jahrtausend.

Es war typisch für die habsburgische Verwaltung, wo es ging, föderalistisch vorzugehen und speziell den weiter von Wien gelegenen Gebieten zahlreiche autonome Rechte einzuräumen. Schon die meisten der frühen Habsburger waren mit dem feinen Gespür, für das, was möglich war, ausgestattet.

In Triest zum Beispiel wurde die habsburgische Herrschaft lange Zeit nominell durch das Geschlecht der Grafen von Montenari ausgeübt. Die Statthalterschaft wurde vorerst ad personam vom jeweiligen Monarchen verliehen und später dann erblich nach dem Gesetz der Primogenitur an den ältesten Sohn der Montenaris weitergegeben.

Der römisch-deutsche Kaiser Karl VI. (1685–1740) im Ornat als Großmeister des Ordens vom Goldenen Vlies (Johann Gottfried Auerbach, Öl, 1. Hälfte 18. Jh.)

Seinen wirklichen Aufstieg verdankte Triest Kaiser Karl VI., dem Vater Maria Theresias, der die Stadt in den Rang eines Freihafens erhob. Auch Maria Theresia und ihr Sohn Joseph II. unterstützten Triest, wo immer möglich war.

Die städtebaulich wichtigen Viertel Borgo Teresiano – nach Maria Theresia – oder Borgo Guiseppino – nach Joseph II. benannt – unterstrichen deutlich den wirtschaftlichen Aufschwung.

Triest war der größte österreichische Seehafen, dementsprechend bedeutend war seine strategische Position. Lediglich der Druck Venedigs wirkte hemmend auf die wirtschaftliche Entwicklung. Dies änderte sich, als im Frieden von Campo Formio 1797 Venedig Österreich zugesprochen wurde und aufgrund des Niedergangs der *Serenissima* die Blütezeit Triests einsetzte. Triest übernahm die führende Rolle im Handel mit dem Nahen Osten und entwickelte sich zum größten Handelszentrum der Adria.

Nach den Wirrnissen der Napoleonischen Zeit wurde Triest auf dem Wiener Kongress 1815 vom österreichischen Kaiserstaat in das neu geschaffene Königreich Illyrien eingegliedert. In jener Zeit, in der das Dampfschiff die Seefahrt revolutionierte, war die österreichische Monarchie eine Großmacht im Mittelmeer.

Der österreichische Lloyd, der zehn moderne Schiffe besaß, konkurrierte mit den großen Seemächten, und die Stadt Triest, als wichtigster Stützpunkt dieser Flotte, nahm einen beachtlichen Aufschwung. Teil dieses Auf-

Der Hafen von Triest im Jahre 1893: Im Vordergrund links der Lloyddampfer „Milano“, in der Bildmitte die Piazza Giuseppina (heute Piazza Venezia), links im Hintergrund das Kastell mit dem Dom San Giusto (Unbekannter Fotograf)

Die Molo San Carlo in Triest um 1900 (heute Molo Audace) (Unbekannter Fotograf)

schwungs war die ethnische und religiöse Vielfalt der Stadt, die von Wien aus bewusst gefördert wurde.

In Triest war die Sicherheit nicht nur der großen jüdischen Gemeinde garantiert, sondern auch die der Armenier, der Griechisch-Orthodoxen, der Lutheraner, Kalvinisten und Serbisch-Orthodoxen. „Slowenen und Kroaten aus der nächsten Umgebung“, so David Abulafia in seinem Buch „Das Mittelmeer, eine Biographie“ (2013), „Deutsche, holländische, englische, albanische und türkische Zuwanderer oder Besucher – eine ‚Guazzabuglia‘, ein ungeordnetes Gemisch aus Völkern und Sprachen, auch wenn im öffentlichen Leben italienisch und deutsch dominierte.“

In dieser Zeit begann die Gründung von Versicherungsgesellschaften, Werften, Bankniederlassungen und Schifffahrtsunternehmen. Verwiesen sei hier nur auf die Assicurazioni Generali, den Österreichischen Lloyd und zahlreiche private Werften und Schiffsbauunternehmen. Josef Ressel beispielsweise führte mit dem in Triest erbauten Schiff „Civetta“ die erste erfolgreiche Testfahrt mit einer Schiffsschraube durch; jenem Antrieb, der technisch die Seefahrt revolutionieren sollte.

1849 wurde die österreichische Verwaltungseinheit des Königreichs Illyrien in ihre Bestandteile zerlegt. Triest und das unmittelbar angrenzende Territorium wurden die „reichsunmittelbare Stadt Triest und ihr Gebiet“. 1850 wurde die Hafenstadt Sitz der kaiserlich königlichen Zentralseebehörde, sieben Jahre später verband die österreichische Südbahn Triest über den Semmering mit Wien. Der geniale Venezianer Carl Ritter von Ghega hatte es möglich gemacht, den Semmering durch zahlreiche, auch baulich reizvolle, Viadukte und Tunnels für die Eisenbahn zu erschließen.

Die revolutionären Bewegungen des *Risorgimento* (Wiedererstehung) in den österreichischen Provinzen Lombardei und Venetien fanden in Triest keine Unterstützung. Triest blieb habsburgtreu und erhielt den Titel „Città fedelissima“ – Die allergetreueste Stadt.

Nachdem das Königreich Illyrien, das bisher österreichische Verwaltungseinheit war, administrativ neu geordnet worden war, wurde die „reichsunmittelbare Stadt Triest und ihr Gebiet“ ein eigenes Kronland in der Region des österreichischen Küstenlandes.

Eine besondere Bedeutung erlangte Triest auch dadurch, dass Erzherzog Maximilian, der Bruder Kaiser Franz Josephs I., Schloss Miramare in unmittelbarer Nähe Triests errichtet hatte und dort mit seiner Gemahlin Charlotte, der Tochter des belgischen Königs Leopold I., residierte.

In Miramare willigte Maximilian auch ein, die ihm von einer mexikanischen Notabelnversammlung angebotene Krone Mexikos anzunehmen

Schloss Miramare mit Garten um 1880. Das Schloss, auf einer Felsenklippe der Bucht von Grignano an der Adria etwa fünf Kilometer nordwestlich von Triest gelegen, wurde zwischen 1856 und 1860 für Erzherzog Ferdinand Maximilian von Österreich, den Bruder Kaiser Franz Josephs I., und seine Gattin Charlotte von Belgien erbaut. (Fotografie von Sebastianutti & Benque, Triest)

und in Übersee zu versuchen, den Traum einer gemäßigten Monarchie zu verwirklichen. Die Erschießung Maximilians am 19. Juni 1867 in Queretaro stellte das traurige Ende des mexikanischen Abenteuers dar.

Im Lauf der zweiten Hälfte des 19. Jahrhunderts gewannen auch in Triest zunehmend irredentistische Strömungen an Boden, die ihren bedauerlichen Höhepunkt erreichten, als 1882 auf Kaiser Franz Joseph – der nach Triest gekommen war, um die 500-jährige Herrschaft der Habsburger feierlich zu begehen – ein Bombenattentat verübt wurde. Insgesamt blickten aber die Triestiner Eliten in Richtung Wien, während nur einige wenige junge Irredentisten den Anschluss an Italien wollten.

Die Bewohner Triests und viele Intellektuelle aber wussten genau, worauf es in ihrer Stadt ankam. Wirtschaftlich waren Italien und Triest nämlich kaum aufeinander angewiesen, Österreich und Triest jedoch umso mehr. Es forderte daher nur eine Minderheit eine Vereinigung mit dem neuen Königreich Italien. Die große Mehrheit blieb Österreich verbunden.

Kaiser Franz Joseph entging 1882 in Triest anlässlich der Feierlichkeiten zur 500-jährigen Herrschaft der Habsburger nur knapp einem Attentat. (um 1885; Fotografie von Carl Pietzner)

Eine größere Herausforderung stellte für viele italienischsprachige Triestiner hingegen der slawische Nationalismus dar. Sogar Diego de Castro, der 1907 geborene Schriftsteller, der altem istrianischem Adel entstammte und der österreichischen Herrschaft eher negativ gegenüberstand, schätzte nach dem Ende Österreich-Ungarns die Triestiner während des Krieges als überwiegend habsburgisch bzw. austrophil ein und meinte, dass die Gruppe der Irredentisten nicht mehr als 2,5 Prozent der Gesamtbevölkerung von Triest ausmachte.

Triest scheint somit für die Zukunft fast ein idealer Ausgangspunkt für eine neue Form eines geeinten Mitteleuropas zu werden, dessen kleine Länder, jedes für sich, kaum Chancen haben, im Verwaltungsdschungel, zu dem sich die EU bedauerlicherweise entwickelt hat, gehört zu werden und ihre Interessen durchsetzen zu können. Die jahrhundertelange Verbundenheit Triests mit Österreich und Habsburg lässt sich eben nicht mit einem Federstrich beseitigen.

Für unsere und die nächsten Generationen wird es deshalb eine lohnende Aufgabe sein, das viele Gute, das aus der Vergangenheit in die Gegenwart hineinreicht, zu erkennen und für eine neue gemeinsame Zukunft vorzubereiten.

Südtirol, Brixen und Trient – geliebt und umkämpft

Rudolf der Stifter war einer der bedeutendsten Vertreter des Hauses Habsburg im Mittelalter. Heute kann man sich kaum vorstellen, dass dieser große Renaissancefürst, der so viel bewegte, nur 26 Jahre alt wurde, als er 1365 in Mailand starb.

Rudolf der Stifter wollte wieder Herr im Reich werden. Sein Urgroßvater Rudolf I. hatte nämlich sein Ziel verfehlt, die Königswürde für Habsburg erblich zu machen. Sein Sohn Albrecht wurde erst sieben Jahre nach dem Tod des Vaters König, sein Enkel Friedrich gar nur Gegenkönig zu Kaiser Ludwig dem Bayern, dem er schließlich 1322 in der Schlacht bei Mühldorf am Inn unterlag.

Länger als 100 Jahre saß kein Habsburger auf dem Königs- oder Kaiserthron. In dieser Zeit war Habsburg sie gezwungen, sich auf seine Hausmacht zu konzentrieren. Rudolf der Stifter aber träumte den Traum von der Größe des Hauses weiter. Als Schwiegersohn des Luxemburgers Karl IV. war er zu Recht erbittert darüber, dass die Habsburger in der „Goldenen Bulle" – der ersten Reichsverfassung – den Kurfürsten nicht gleichgestellt waren. Er entwarf daher das *Privilegium Maius* – eine der zahlreichen Fälschungen des Mittelalters –, um de facto den Kurfürsten im Heiligen Römischen Reich gleichgestellt zu sein. Etwa 100 Jahre später bestätigte sein Großneffe, Kaiser Friedrich III., das *Privilegium* und die ursprüngliche Fälschung wurde geltendes Recht.

Neben der Erwerbung der Grafschaft Tirol, die die Stellung der Habsburger im Ostalpenraum entscheidend stärkte, bemühte sich Rudolf vor allem darum, dass Wien, das in kirchlicher Hinsicht bisher den Bischöfen von Passau unterstand, Bischofsitz wurde. Er veranlasste in St. Stephan die Gründung eines Metropolitankapitels (was dem Namen nach einem Erzbischof beigeordnet sein müsste), dessen Mitglieder wie Kardinäle rot gekleidet waren. Der Probst dieses Domkapitels erhielt den Titel „Erzkanzler von Österreich".

Dies alles machte Wien noch nicht zum Bischofsitz, jedoch waren es wesentliche Vorbereitungen dafür. Es dauerte schließlich noch mehr als

100 Jahre, ehe der Stephansdom zur Kathedrale und Wien zum Bistum erhoben wurde.

Auch die Gründung der Universität Wien 1365 war ein Hauptanliegen des ehrgeizigen und erfolgreichen Herzogs.

Die Karlsuniversität in Prag – die älteste Universität im deutschen Sprachraum –, die von seinem Schwiegervater Karl IV. gegründet worden war, war Vorbild für Wien.

Für die weitere Geschichte Österreichs war aber vor allem der Erwerb der Grafschaft Tirol wichtig. Nach erfolglosen Bemühungen seitens der Luxemburger und der Wittelsbacher erwarb Rudolf 1363 die Grafschaft von Herzogin Margarete von Tirol („Margarete Maultasch") mit der Zustimmung der Tiroler Landstände.

Meinhard III., der Sohn Herzogin Margaretes, war 1363 gestorben. Rudolf brach deshalb mitten im Winter nach Tirol auf. Schon am 26. Januar 1363 erreichte er in Bozen die Übertragung des Landes durch die Herzogin. Es war nun eine hochwillkommene Landbrücke zwischen den Machtkom-

(Laura1010)

Blickrichtung südlich von St. Leonhard auf die Stadt Brixen und das Eisacktal

plexen der Habsburger und zugleich eine Basis für ihre oberitalienischen Interessen, vor allem in Friaul, gegeben.

Die Habsburger waren jedoch nicht nur Grafen von Tirol, sondern auch Erbvögte der Hochstifte Trient und Brixen geworden. In den so genannten „Kompaktdaten", eine Art völkerrechtlicher Vertrag, wurde ein Staatenbund unter Führung der Grafschaft Tirols geschlossen, der auch die beiden geistlichen Reichsfürstentümer umfasste. Außenpolitik und Verteidigung für alle drei Länder ging auf die Grafen von Tirol und damit auf die Habsburger über.

Brixen war ein bedeutender Bischofsitz. 1080 fand in Brixen ein Konzil statt, das Clemens III. gegen Gregor VII. (den späteren Papst des „Canos-

Der Tiroler Landsturm von 1809. In der Mitte: Andreas Hofer, Anführer des Tiroler Widerstands gegen Napoleon (Joseph Anton Koch, Öl, um 1820)

saganges“) zum Papst wählte. Schon vorher war 1048 der Brixner Bischof Poppo als Damasius II. – allerdings nur für 23 Tage – zum Papst gewählt worden. Nicht ganz 200 Jahre später residierte ein weiterer Habsburger, Andreas von Österreich, Sohn von Erzherzog Ferdinand II., Landesfürst von Tirol, und Philippine Welser, der gleichzeitig Statthalter der Spanischen Niederlande war, als Fürstbischof in Brixen.

Die mittelalterliche Bischofsburg wurde durch den italienischen Hofbaumeister Alberto Lucchese in einen prachtvollen Renaissancebau und einen durch Terrakottafiguren gezierten Arkadenhof umgebaut.

Auch Trient war für die Reichsgeschichte bedeutend. Schon 1027 hatte Kaiser Konrad II. die Grafschaft Trient dem Bischof von Trient zum Lehen gegeben und diesen gleichzeitig zum Reichsfürsten erhoben. Die wichtige geographische Position, nämlich die Hoheit über die Pässe, die vom Herzogtum Bayern nach Norditalien führte, machte Trient zu einem entscheidenden strategischen Punkt für die italienische Reichspolitik der römisch-deutschen Kaiser.

Auch Venedig war an Trient interessiert, konnte aber in der Schlacht von Calliano 1487 gestoppt werden.

Für die ganze katholische Welt war das Konzil von Trient zwischen 1545 bis 1563, das der Gegenreformation wichtige Impulse gab und ihren geistlich-theologischen Rahmen bestimmte, maßgebend.

Trient war vorwiegend von Italienern bewohnt, was aber in der habsburgischen Multinationalität keine wie auch immer gearteten Probleme auslöste. 1803 wurde das Fürstentum Trient durch den Reichsdeputationshauptschluss als kirchliches Fürstentum aufgelöst und ein Teil Tirols, bei dem es bis 1918 blieb.

Andreas Hofer

Für die Tiroler Geschichte jedoch ist Andreas Hofer die markanteste Persönlichkeit. Infolge der Niederlage Österreichs gegen Frankreich im Dritten Koalitionskrieg (1805) stand Tirol unter der Herrschaft des mit Napoleon verbundenen Bayern. Die Reformen der Bayern unter Minister Graf Montgelas, insbesondere die Missachtung der von Kaiser Maximilian I. gegebenen alten Tiroler Wehrverfassung, führten jedoch zu einem Aufstand der Bevölkerung, die den Wirt aus dem Passeiertal, Andreas Hofer, zum Oberkommandanten des Bauernheeres wählte.

In drei Schlachten am Bergisel besiegte der Bauernführer die bayerisch-französischen Truppen, bis es schließlich in der vierten Bergiselschlacht (1809) zu einer dramatischen Niederlage der Tiroler kam.

Hofer musste fliehen, verbarg sich auf der Pfandleralm, wurde letztlich verraten und nach Mantua in das französische Militärgefängnis Porta Molina gebracht.

Damals war Eugène de Beauharnais französischer Vizekönig in Italien. Er war der Sohn von Alexandre Visconte Beauharnais und Marie Josephe de Tascher de la Pagerie, die später die erste Gemahlin Napoleons wurde. Sein Vater Alexandre war während der Terrorherrschaft der Französischen Revolution guillotiniert worden. Eugène, der später von Napoleon adoptiert werden sollte, wollte ursprünglich das Leben des Bauernführers verschonen. Napoleon jedoch ordnete die unverzügliche Exekution Andreas

Andreas Hofer (1767–1810), Anführer der Tiroler Aufstandsbewegung von 1809 (Öl, Franz Defregger, 1880)

Hofers an. Das Urteil wurde bereits am folgenden Tag, es war der 20. Februar 1810, von einem Erschießungskommando in Mantua vollstreckt.

Kaiser Franz I. konnte aufgrund der kritischen Situation, in der sich das Reich gegenüber Frankreich befand, keine Hilfe leisten, da der Frieden von Schönbrunn mit Napoleon im Jahre 1809 zur Sicherung der Position des Kaisers in Wien lebensnotwendig war.

In einem vom Kaiser am 15. Mai 1809 ausgefertigten Handbillet wurde Andreas Hofer zwar in den Adelsstand erhoben, wegen der Kriegsereignisse konnte das Hofdekret jedoch nicht nach Tirol befördert werden, sodass nie geklärt werden konnte, ob der Bauernführer von seiner Nobilitierung überhaupt Kenntnis erlangte.

Das Adelsdiplom selbst, das die Nobilitierung Andreas Hofers begründete, wurde dem Sohn Hofers, Johann, erst am 26. Jänner 1818 ausgefertigt.

Andreas Hofer ist bis heute eine Legende und wurde zum Kristallisationspunkt der Tiroler für die Identität eines Gesamttirols, in dem Südtirol eine entscheidende Rolle spielte. Die Abtretung Tirols an Italien darf zu den ungerechtesten Ergebnissen des so genannten Friedensvertrages von Saint-Germain (1919) gezählt werden.

23. Mai 1915: Italiens folgenreiche Kriegserklärung an Österreich

Alle, die Kaiser Franz Joseph kannten, standen im Banne dieser aus einer alten Welt in eine neue Zeit herüberragenden europäischen Persönlichkeit. 1848 hatte Franz Joseph mit 18 Jahren den Thron bestiegen. Alle Herrscher dieser Zeit waren von der Weltbühne verschwunden. Preußen und später Deutschland hatten vor Wilhelm II. zur Regierungszeit Franz Josephs schon drei andere Herrscher erlebt.

In Russland hatten vier Zaren geherrscht, in Italien hatte Viktor Emanuel II. bereits zwei Nachfolger. Frankreich war von der Monarchie zur Republik geschwenkt – mit bis dahin neun Präsidenten.

Viktor Emanuel II., ab 1861 König von Italien (1820–1878) (Unbekannter Künstler, Öl, 1860)

Franz Joseph war der Patriarch der europäischen Monarchen. Der in seiner Biographie über Franz Joseph durchaus kritische Reichsratsabgeordnete Josef Redlich, der den Kaiser persönlich gut kannte, meinte: „Nichts ist in dieser Hinsicht interessanter als der außerordentliche Eindruck, den der achtzigjährige Franz Joseph auf den Expräsidenten der Vereinigten Staaten Theodore Roosevelt gemacht hat."

Franz Joseph, der Roosevelt 1910 fast mit den Ehren eines Souveräns empfing, sagte zu Beginn der Audienz lächelnd: „Sie sehen in mir den letzten europäischen Monarchen der alten Schule." Er hat sich damit selbst trefflich bezeichnet. Präsident Roosevelt sprach offen von der großen Wirkung, die von der Würde und Freundlichkeit des alten Kaisers ausgegangen sei.

In jener Begegnung mit Präsident Roosevelt sprach der Monarch auch die inzwischen legendären Worte: „Es ist meine Aufgabe, meine Völker vor ihren Politikern zu schützen!" Wie wahr, denkt man sich heute.

Was dem alten Kaiser nicht gelang, war, seine Völker nach einem halben Jahrhundert Frieden vor dem Großen Krieg zu bewahren. 1915 stand Österreich an der Seite Deutschlands im Kampf gegen Russland, Serbien, Frankreich, England und einer Reihe anderer Länder. Es ging um die Existenz des Reiches.

In Italien aber ging es 1915 um keine Lebensinteressen. Es ging um Raumgewinn, obwohl Österreich-Ungarn in dem Bemühen, den Krieg zu verhindern, von sich aus Gebietsabtretungen angeboten hatte. Rom aber wollte letztlich keine Kompromisse, sondern den Krieg.

Für die Mittelmächte war der Krieg bis dahin unerfreulich verlaufen. Sowohl an der Westfront, wo Deutschland den Schlieffenplan nicht umsetzen und Paris nicht erobern konnte, als auch an der Nordostfront, wo vor allem Österreich-Ungarn der russischen Dampfwalze mit größten Verlusten standhalten musste, war die Situation prekär. Es erschien daher für die Kriegsziele der Entente und für Italien günstig, eine neue Front im Süden in Erwägung zu ziehen.

Für die Wertvorstellungen des Kaisers war es ein fast unvorstellbarer Treuebruch, den Italien mit seiner Kriegserklärung an Österreich-Ungarn am 23. Mai 1915 beging. Österreich-Ungarn, Deutschland und Italien waren im Dreibund vereinigt. Österreich und Deutschland waren sich zwar einig, dass Italien kein wirklich verlässlicher Bündnispartner sein würde, einen offensiven Kriegseintritt Italiens aber erwarteten sie dennoch nicht.

Der Dreibund wurde vom Apenninenkönigreich am 4. Mai 1915 gekündigt. Deutschland hatte seit Januar 1915 Österreich unter Druck gesetzt, das Trentino und weitere italienischsprachige Gebiete an Italien abzutreten. Man wollte zumindest die Neutralität Italiens sicherstellen. (Angemerkt sei nur, dass im Lichte dieser Bemühungen Deutschlands es seltsam erscheint, wenn insbesondere deutschnationale Kreise es dem späteren Kaiser Karl verübelten, Frankreich und der Entente Elsass-Lothringen in Aussicht zu stellen, um zu einem raschen Friedensschluss zu kommen.) Italien taktierte nun. Wie viel konnte es ohne Krieg in Verhandlungen erreichen? Was würde die Entente für einen Kriegseintritt anbieten?

Im Londoner Vertrag am 26. April 1915, der geheim zwischen Italien auf der einen und den alliierten Mächten Großbritannien, Frankreich und Russland auf der anderen Seite geschlossen wurde, sicherte das Königreich Italien den Alliierten den Kriegseintritt zu. Es sollte dafür unter anderem

- Tirol bis zum Brenner,
- Triest und Istrien (außer Rijeka [Fiume/St. Veit am Flaum]),
- das nördliche und mittlere Dalmatien mit den vorgelagerten Inseln,
- Teile der Türkei bei einer allfälligen Aufteilung des Osmanischen Reiches
- und einen Anteil der deutschen Kolonien nach einer Niederlage Deutschlands

erhalten.

Für ein Land, das im Zeitalter des Nationalismus ein Italien bis zum Brenner anstrebte und dies mit dem „Sacro Egoismo" verfolgte, waren dies lohnende Ziele.

Dem alten Kaiser, aber auch seinem Nachfolger Kaiser Karl, waren derartige politische Manöver aufgrund ihres Rechtsbewusstseins und ihrer Redlichkeit völlig fremd. Auch in Italien war die Stimmung aber vorerst keineswegs für den Krieg.

Österreich-Ungarn hatte den Italienern keinen Grund für Feindseligkeiten gegeben und die „Interventionisten", die sich für den Krieg aussprachen, waren dabei alles andere als in der Mehrheit. Sie bildeten keine homogene Gruppe. Katholiken, Sozialisten, Liberale und die Bevölkerungsmehrheit waren für die Neutralität.

In seinem jüngsten Buch „Stehen oder Fallen?" gibt Lothar Höbelt die Meinung des österreichischen Botschafters in Rom wieder, es gäbe in Italien „85 Prozent schweigsame Neutralitätsfreunde, 15 Prozent schreiende Kriegshetzer". Vielleicht waren die Zahlenverhältnisse etwas einseitig, schreibt Höbelt, aber im Prinzip dürfte man sich der Meinung des österreichischen Botschafters anschließen können.

Der Führer der „Neutralen", die gegen den Krieg waren, war der angesehene liberale italienische Politiker Giovanni Giolitti. Dieser war auch aufgrund des deutschen Drucks auf Wien, italienischsprachige Gebiete abzutreten, der Meinung, man könne auch ohne Krieg wesentliche territoriale Gewinne erhalten. Es war jedoch der Ministerpräsident Antonio Salandra, dem es gelang, die verschiedenen Strömungen zusammenzuführen und Verständnis dafür zu finden, dass die „legitimi interessi" Italiens bei einem Kriegseintritt am besten vertreten werden könnten. „Masterminds" für diese Position waren sein Außenminister Sonnino und Generalstabschef Graf Cadorna. Sie unterschätzten alle die Härte des Weltkrieges und dachten, angesichts des seit dem Spätherbst 1914 herrschenden militärischen Patts zwischen den Kriegsparteien könnte das italienische Heer in einem

Einer der treibenden Kräfte hinter den Gebietsforderungen Italiens, die maßgeblich zum Eintritt Italiens in den Ersten Weltkrieg führten: Sidney Sonnino (1847–1922), von 1914 bis 1916 Italiens Außenminister (Unbekannter Fotograf, nach 1910)

Spaziergang nach Triest marschieren. Der alte Kaiser meinte, im Bewusstsein der Rechtlichkeit seines Standpunktes jedoch: „Ich ziehe es eher vor, alles zu verlieren und in Ehren zugrunde zu gehen, als dass ich mich auf diesen abscheulichen Räuberhandel einlassen soll!"

Es half alles nichts. Italien trat am 23. Mai 2015 in den Krieg ein und die Mittelmächte, die gerade in dieser Zeit sowohl im Westen als auch im Osten – Österreich-Ungarn vor allem auch in Serbien – militärisch unter Druck standen, waren mit einer neuen Front im Süden konfrontiert. Mit welcher Tapferkeit und mit wie hohem Blutzoll diese Front gehalten wurde, kann nicht Gegenstand dieses Beitrages sein.

Vermerkt sei hier noch, dass Franz Joseph bis zum Schluss, trotz der großen Enttäuschung, die der Treubruch Italiens ihm bereitete,

Finalmente! – Endlich! Italia Turrita – die nationale Personifikation Italiens, hier mit Schwert – empfängt Triest (Frau in Rot) und Trient (Frau in Grün). Im Hintergrund ziehen Soldaten und Flugzeuge in die Schlacht. (Leopoldo Metlicovitz, Plakat, 1918)

die Italiener niemals als genuine Feinde seines Hauses betrachtete. In einem Gespräch knapp vor seinem Tod am 30. August 1916 ließ der Kaiser den damaligen k. u. k. Innenminister und Statthalter von Oberösterreich, Erasmus Freiherr von Handel, nach Schönbrunn rufen. Baron Handel machte im Laufe des Gesprächs die Bemerkung: „Es sei wirklich schwer zu entscheiden, welcher von unseren Gegnern der unanständigste sei." Seine Majestät blickte Handel in Ruhe an und sagte dann mit großem Nachdruck: „Eigentlich doch – England!"

Franz Joseph war Herrscher vieler Völker, sorgte sich um sie, schützte und liebte sie. Die Souveränität Franz Josephs, seine langjährige Friedenspolitik und die unantastbare Position als Monarch von Gottes Gnaden waren so wirkmächtig, dass das Vertrauen der Menschen in die Persönlichkeit des alten Kaisers bis zuletzt ungebrochen war. Bis Herbst 1918 wandte sich, trotz aller inneren Spannungen, keine Nationalität wirklich von Habsburg ab.

Anhang

Literatur (Auswahl)

Abulafia, David: Das Mittelmeer. Eine Biographie, Frankfurt am Main 2013
Auernheimer, Raoul: Metternich, Wien 1972
Bauer, Ernest: Drei Leopardenköpfe in Gold. Österreich in Dalmatien, Wien 1973
Baum, Wilhelm: Rudolf IV. der Stifter, Graz, Wien 1996
Bisticci, Vespasiano da: Lebensbeschreibungen berühmter Männer des Quattrocento, Jena, glbl. 1922
Bled, Jean Paul: Franz Ferdinand, der eigensinnige Thronfolger, Wien, Köln, Weimar 2013
Blom, Philipp: Der taumelnde Kontinent, Europa 1900–1914, München 2008
Bradford, Sarah: Cesare Borgia, Hamburg 1979
Burckhardt, Jakob: Die Kultur der Renaissance in Italien, Stuttgart 2009
Ders.: Weltgeschichtliche Betrachtungen, Berlin 1905
Christoph, Paul: Großherzogtum Toskana, Wien 1957
Clark, Christopher: Die Schlafwandler, London, München 2013
Cleugh, James: Die Medici – Macht und Glanz einer europäischen Familie, München 1977
Corti, Egon Cäsar Conte: Mensch und Herrscher, Wien 1952
Ders.: Vom Kind zum Kaiser, Wien 1950
Corti, Egon Cäsar Conte / Sokol, Hans: Der alte Kaiser, Graz 1955
Debrunner Johann: Schweizerkompagnie in Venedig, Zürich 1849
Demmerle Eva: Das Haus Habsburg, Potsdam 2014
Drimmel, Heinrich: Franz von Österreich, Wien 1986
Edschmid, Kasimir: Italien, Landschaft – Geschichte – Kultur, Stuttgart 1968
Franzl, Johann: Ferdinand II., Graz 1978
Giardini, Cesare: Don Carlos, München 1994
Grillandi, Massimo: Lucrezia Borgia, Düsseldorf 1991
Gutkas, Karl: Kaiser Joseph II., Darmstadt 1989
Hamann, Brigitte: Die Habsburger. Ein biographisches Lexikon, Wien 1988
Handel-Mazzetti, Peter von / Sokol, Hans Hugo: Wilhelm von Tegetthoff, Linz 1952
Handel, Norbert van: Doppelmord. Sommer 1914: von Sarajewo bis zur Kriegserklärung, Almegg 2014
Harsányi, Zsolt von: Galileo Galilei, Leipzig 1937
Hausmann, Friederike: Herrscherin im Paradies der Teufel, München 2014
Hengerer, Mark, Kaiser Ferdinand III., Wien 2012
Höbelt, Lothar: Stehen oder Fallen? Österreichische Politik im Ersten Weltkrieg, Wien 2015
Ders.: Franz Joseph I., der Kaiser und sein Reich, eine politische Geschichte, Wien, Köln, Weimar 2009
Ders.: Ferdinand III., Graz 2008
Hussarek von Heinlein, Max: Erinnerungen des Erasmus Freiherrn von Handel, Wien 1930

Kissinger, Henry A.: Das Gleichgewicht der Großmächte, Düsseldorf 1980
Leitich, Ann Tizia: Augustissima, Wien 1954
Leitner, Thea: Habsburgs verkaufte Töchter, München 1994
Longworth, Philip: Aufstieg und Fall der Republik Venedig, Wiesbaden 1976
Machiavelli, Niccolò: Geschichte von Florenz, Wien 1933
Mayr, Josef Karl: Metternichs geheimer Briefdienst, Wien 1935
Nikrut, Jan: Kaiser Karl I. (IV.) als Christ, Staatsmann, Ehemann und Familienvater, Wien 2004
Palmer, Alan: Glanz und Niedergang der Diplomatie, Düsseldorf 1986
Perin, Diotisalvi / De Carlo Nerio: Ponte della Priula, Veneto 2008
Provincia di Udine, II Friuli. Una Patria, Udine 2008
Rada, Uwe: Die Adria, München 2014
Rauchensteiner, Manfried: Der Erste Weltkrieg und das Ende der Habsburger Monarchie, Wien, Köln, Weimar, 2013
Redlich, Joseph: Kaiser Franz Joseph von Österreich, Berlin 1929
Reinhardt Volker: Alexander VI. Borgia, München 2005
Reinhold, Peter: Maria Theresia, Wiesbaden 1957
Schausberger, Franz: Hochzeit auf Schloss Schwarzau, Salzburg 2011
Schier, Wilhelm: Atlas zur allgemeinen und österreichischen Geschichte, Wien 1935
Spielman, John, Leopold I., Graz 1981
Stein, Werner: Der große Kulturfahrplan, Wels 1979
Straub, Eberhard: Drei letzte Kaiser, Berlin 1998
Sutter, Fichtner Paula: Ferdinand I., Graz 1986
Tamussino, Ursula: Isabella von Parma, Wien 1989
Taylor, Edmond: Der Untergang der Dynastien, München, Wien, Basel 1993
Telesko, Werner: Maria Theresia, Wien 2012
Tessin, Peter Freiherr von / Vitzthum, Claudia Gräfin: „Die Donnerstagsgesellschaft“, Tübingen 2009
Tötschinger, Gerhard: Mörderisches Venedig, Wien 2014
Tomasi di Lampedusa, Giuseppe: Der Leopard, Mailand 1958
Trease, Geoffrey: Die Condottieri, München 1974
Treitschke, Heinrich von: Der Wiener Kongress, Leipzig (nach der letzten bearbeiteten Ausgabe) 1894
Tyler, Royall: Kaiser Karl V., Stuttgart 1959
Vitzthum von Eckstädt, Graf Karl Friedrich: Politische Privatbriefe (1845–1852), Stuttgart 1886
Wibmer-Pedit, Fanny: Margarete Maultasch, Klagenfurt 1969
Zorzi, Alvise; Venedig, Mailand 1979

Namenregister

Abulafia, David 160
Acton, Sir John 147
Adelgunde, Prinzessin v. Bayern 127, 138
Aistulf, König der Langobarden 94
Albrecht I., röm.-dt. König 153
Alfred I., Fürst zu Windischgrätz 73
Allegri, Antonio 93
al-Malik, Al-Kamil Muhammad, Sultan der Ayyubiden 140
Andreas v. Österreich, Kardinal 165
Anna Amalia, Prinzessin v. Sachsen 55, 150
Anna Beatrice, Prinzessin v. Modena 138
Albrecht, Erzherzog v. Österreich 92
Alexander I., Zar v. Russland 24 f., 31
Alexander III., Papst 85
Alexander VI., Papst 96 f., 125 f.
Alfonso V., König v. Aragón 141
Ammanati, Bartolomeo 46 f.
Anna, Prinzessin v. Böhmen und Ungarn 16
Artenidor v. Ephesus 157
Aspre, Konstantin d', Baron 73
Azeglio, Massimo d' 23

Baciocchi, Elisa, Erbprinzessin v. Piombino 59
Baciocchi, Félix, Fürst v. Lucca und Piombino 59
Baldasseroni, Giovanni 62 f.
Barbara, Erzherzogin v. Österreich 126
Barry, Guillaume du, Comte 115
Barry, Marie Jeanne du, Comtesse 115, 117
Beauharnais, Alexandre, Visconte 166
Beauharnais, Eugène de, Vicomte 166
Beauharnais, Joséphine de (Marie Josephe Tascher de la Pagerie) 166
Bellegarde, Friedrich Heinrich v., Graf 34, 36
Biener, Wilhelm 52
Blomberg, Barbara 99 f.
Bombelles, Charles-René de, Graf 122
Bona Margherita, Prinzessin v. Savoyen-Genua 68
Bonaparte, Caroline 149
Bonaparte, Joseph, König v. Neapel/Spanien (Joseph I.) 149
Bonaventuri, Pietro 46
Borgia, Cesare 95–97, 125
Borgia, Lucrezia 97, 125 f.
Bruno, Giordano 129
Büchner, Georg 133
Buonarroti, Michelangelo 93
Burckhardt, Jakob 68

Cadorna, Luigi, Graf 171
Cappello, Bianca 46, 48
Carlo I. Gonzaga, Herzog v. Nevers 77 f., 80
Carlo II. Gonzaga, Herzog v. Nevers 80
Carlo III. Gonzaga, Herzog v. Nevers 80
Carlos, Don, Infant v. Spanien 17, 100 f.
Castlereagh, Robert Stewart Viscount 25, 35
Castro, Diego de 162
Cattanei, Vannozza de 97
Charles Joseph, Prinz v. Ligne 24
Charlotte, Erzherzogin v. Österreich und Kaiserin v. Mexiko 160 f.
Claudia Felicitas, röm.-dt. Kaiserin 54
Clemens III. (Guibert v. Ravenna), Papst 164
Clemens IV. (Guido le Gros), Papst 140
Clemens VII. (Guilio de' Medici), Papst 31 f., 43
Clemens VIII. (Ippolito Aldobrandini), Papst 126, 128 f.
Conforti, Giovanni 89
Coye, Johanna van der 99

Cosimo I., Herzog der Toskana 42, 44, 46, 48, 51
Cosimo II., Großherzog der Toskana 39, 48–51, 54
Cybo-Malastina, Maria Teresia, Herzogin v. Massa und Carrara 127

Damasius II., Papst 165
Dandolo, Enrico, Doge v. Venedig 86
Danhauser sen., Joseph 133
David, Jacques-Louis 59
Desiderius, König der Langobarden 39
Diokletian, römischer Kaiser 65
Don Camillo (Romanfigur) 97
Don Fabrizio, Fürst v. Salina (Romanfigur) 139, 143
Don Juan d'Austria – Johann v. Österreich 99, 100–102
Durazzo, Johanna v. 141

Eberhart III., Herzog v. Württemberg 53
Edschmid, Kasimir 31, 93
Eleonore, Erzherzogin v. Österreich 76
Elisabeth I., Königin v. England 104
Elisabeth II, Zarin v. Russland 55
Elisabeth v. Bayern-Wittelsbach 153
Elisabeth, Prinzessin v. Savoyen-Carignan 63
Elisabeth („Sisi"), Kaiserin v. Österreich-Ungarn 90, 94
Elisabeth v. Görz und Tirol, Tochter Graf Meinhards II. 153
Erdödy, Anna Maria, Gräfin 109
Ernst, Erzherzog v. Österreich 70
Ernst August, Herzog v. Pfalz-Zweibrücken 114, 119
Este, Alfonso I., d', Herzog v. Ferrara, Modena und Reggio 124 f.
Este, Alfons II., d', Herzog v. Ferrara, Modena und Reggio 126
Este, Alfons III., d', Herzog v. Ferrara, Modena und Reggio 17
Este, Borso, d', Herzog v. Ferrara, Modena und Reggio 124 f.
Este, Cesare d', Herzog v. Ferrara, Modena und Reggio 129
Este, Ercole d', Herzog v. Ferrara, Modena und Reggio 124 f.
Este, Hercule III., d', Herzog v. Ferrara, Modena und Reggio 129
Este, Maria Beatrix d', Herzogin v. Massa und Carrara 127
Eugen Franz, Prinz v. Savoyen 132

Farnese, Alessandro, Kardinal (später Papst Paul III.) 100–102
Farnese, Antonio, Herzog v. Parma 104
Farnese, Elisabetta 104
Farnese, Giulia 97
Farnese, Ottavio, Herzog v. Parma 97, 100
Farnese, Paul III., Papst 97
Farnese, Pier Luigi 97, 100
Ferdinand I., röm.-dt. Kaiser 14, 16 f., 43, 51, 70 f., 77, 151
Ferdinand I., König v. Neapel 20, 144, 150
Ferdinand II., röm.-dt. Kaiser 16, 50, 52, 77 f., 80
Ferdinand II., Erzherzog v. Österreich 16 f., 165
Ferdinand III., röm.-dt. Kaiser 16 f., 50, 52, 77 f., 80
Ferdinand III., Großherzog der Toskana 16 f.
Ferdinand IV., Großherzog der Toskana 63
Ferdinand VII., König v. Spanien 152
Ferdinand Karl, Erzherzog v. Österreich 17, 20, 51, 53 f., 127, 129–132, 135
Ferdinand v. Parma, Herzog 17, 20, 105, 114, 119
Ferdinand, Erzherzog v. Österreich 116
Fontanelli, Archilles di, Conte 34
Fossombroni, Vittorio, Graf 61
Francesco I. Gennaro, König v. Neapel und Sizilien 150 f.
Franz I. Stefan, Kaiser v. Lothringen 17, 29, 31, 39, 43, 55, 127, 129
Franz I., König v. Frankreich 65, 69
Franz I., König v. Sizilien 17

Franz II./I., röm.-dt. Kaiser 23 f., 29, 31–34, 38, 69 f., 86, 88, 96, 105, 110, 113, 119, 122, 132, 144, 146, 168
Franz IV., Herzog v. Modena 119, 127, 132, 134–137
Franz V., Herzog v. Modena 127, 134, 137 f.
Franz Ferdinand, Erzherzog v. Österreich 122, 138
Franz Joseph, Kaiser v. Österreich 7, 38, 62, 70, 73, 91 f., 122, 160–162, 169, 173
Franz Xavier, Herzog v. Bourbon-Parma 107
Ferrante II. Gonzaga, Herzog v. Guastalla 77
Francesco III. Gonzaga, Herzog v. Mantua 17, 76
Friedrich I. (Barbarossa), röm.-dt. Kaiser 65, 85, 140
Friedrich II., röm.-dt. Kaiser 98, 140
Friedrich II. (der Große), König in/v. Preußen 54, 111
Friedrich Wilhelm III., König v. Preußen 25, 31

Galilei, Galileo 50
Garibaldi, Giuseppe 23, 141
Ghega, Carl Ritter v. 160
Gheynst, Gilles van der 99
Gheynst, Jeanne van der 43, 98, 100
Goethe, Johann Wolfgang v., Dichter 133
Gonzaga, Aloysius – Luigi I. Gonzaga (der Alte) 75
Gonzaga, Anna Katharina 17
Gonzaga, Guglielmo, Herzog v. Mantua 17, 76, 80
Gonzaga, Luigi (Ludwig IV.), Herzog v. Nevers 80
Gonzaga, Margarita 126
Gonzaga-Nevers, Ferdinando Carlo di (Karl IV.), Herzog v. Mantua 81
Gregor VII., Papst (Hildebrand von Soana) 164
Gregor IX., Papst (Ugolino de Segni) 140
Grillparzer, Franz 133
Guareschi, Giovanni 97
Guiskard, Robert 140
Guiskard, Roger 140

Habsburg, Otto v., Erzherzog v. Österreich 108
Hamann, Brigitte 111
Hamilton, Emma 148
Handel, Erasmus v., Freiherr 173
Hasse, Johann Adolph 130
Hausmann, Friederike 143, 152
Heinrich I., König v. Portugal 14
Heinrich II., König v. Frankreich 42, 48
Heinrich IV., König v. Frankreich 48, 51, 104, 129
Heinrich VI., röm.-dt. Kaiser 140
Höbelt, Lothar 171
Hofer, Andreas 81, 165–168
Hofer, Johann 168

Isabella v. Parma, Erzherzogin v. Österreich 17, 20, 55, 105, 108–114
Isabella v. Portugal, röm.-dt. Kaiserin 100
Isabella Clara, Erzherzogin v. Österreich 80

Johann Salvator, Erzherzog, Prinz der Toskana 34
Johann III., König v. Portugal 14
Johann v. Österreich – Don Juan d'Austria
Johanna v. Kastilien und Aragon 43
Johanna, Erzherzogin v. Österreich 51
Josef I., röm.-dt. Kaiser 79, 81
Joseph II., röm.-dt. Kaiser 20, 30, 41, 55 f., 105, 109, 112, 114, 117, 130, 134, 145, 158
Josef Wenzel, Fürst v. Liechtenstein 73

Karl, Erzherzog, Prinz der Toskana 151
Karl I., Kaiser v. Österreich 106 f., 170 f.
Karl (I.) der Große 13, 65, 94, 157
Karl I. v. Anjou, König v. Sizilien 140 f., 153
Karl II., König v. Spanien 69
Karl II., Erzherzog v. Innerösterreich 48, 51, 80

Karl II., Herzog v. Parma 59
Karl III., König v. Spanien 55, 104, 117, 145, 150
Karl III., König v. Neapel 141
Karl IV., röm.-dt. Kaiser 163 f.
Karl V., König v. Spanien, röm.-dt. Kaiser 8, 14 f., 31, 39 f., 44, 65, 69, 77, 98–101, 141
Karl VI., röm.-dt. Kaiser 16 f., 20, 38, 54, 158
Karl der Kühne, Herzog v. Burgund 14
Karl Emanuel IV., König v. Sardinien, Herzog v. Savoyen 137
Karl Felix I., König v. Sardinien-Piemont 154
Karl IX., König v. Frankreich 16
Karl Ludwig, Herzog v. Lucca 123
Karl, Herzog v. Nevers und Rethel 78
Katharina v. Österreich, Herzogin v. Mantua 17, 76
Kaunitz, Wenzel Anton v., Fürst 19–21, 104, 114
Khevenhüller, Johann Joseph v., Fürst 55
Konrad II., röm.-dt. Kaiser 165
Konradin, König v. Sizilien 141, 153
Konstantin I. (der Große), römischer Kaiser 65
Konstanze, Kaiserin v. Sizilien 140
Kopernikus, Nicolaus 50
Kornhäusel, Josef 133

Lampedusa, Tomasi Giuseppe di 139, 143
Leitner, Thea 144
Leonardo da Vinci 93
Leopold I., röm.-dt. Kaiser 16, 54, 154, 160
Leopold II. (Pietro Leopoldo), röm.-dt. Kaiser 17, 30 f., 41, 55 f., 59–63, 86, 105, 150 f.
Leopold III. v. Habsburg, Herzog v. Österreich 67, 141, 157
Leopold V., Erzherzog v. Österreich 50–52, 54, 80
Lepidus, Marcus Aemilius 93, 97
Leszczyńska, Maria, Königin v. Frankreich 108
Stanislaus I. Leszczyński, König v. Polen 54
Licinius, röm. Kaiser 65
Llano, José de 117
Longworth, Philip 86
Lothar III., Kaiser 157
Christine v. Lothringen, Großherzogin der Toskana 50
Louise Elisabeth (Louise Élisabeth de Bourbon), Prinzessin v. Frankreich 104, 108, 115
Louis-Philippe I., König der Franzosen 135
Louis-Philippe II. Joseph v. Orléans (Philippe Egalité), Herzog v. Orléans 152
Lucchese, Alberto 165
Ludwig I., König v. Etrurien 59, 118
Ludwig I., König v. Bayern 138
Ludwig IV. (der Bayer), röm.-dt. Kaiser 163
Ludwig IX. (der Heilige), König v. Frankreich 140
Ludwig XII., König v. Frankreich 65
Ludwig XIII., König v. Frankreich 48, 54, 77 f.
Ludwig XIV., König v. Frankreich 20
Ludwig XV., König v. Frankreich 103–105, 108, 114 f., 117
Ludwig XVI., König v. Frankreich 134, 145, 147, 151 f.
Ludwig XVIII., König v. Frankreich 25 f., 31, 35 f., 86

Malatesta, Sigismondo 93
Manfred, König v. Sizilien 39, 141
Manin, Daniele 89 f., 92
Manin, Ludovico, Doge v. Venedig 83 f.
Margarete v. Österreich, Herzogin v. Savoyen 14, 42 f.
Margarete, Herzogin v. Parma 98–101
Margarete (Maultasch), Herzogin v. Tirol und Görz 164
Maria, Königin v. Frankreich 48
Maria Amalia, Erzherzogin v. Österreich 59, 105, 113–119, 144

Maria Amalia Theresa v. Neapel-Orleans, Königin der Franzosen 152
Maria Antonia, Königin v. Spanien 152
Maria Beatrix v. Savoyen, Herzogin v. Modena 127, 135, 137
Maria Christina Amalia, Königin v. Sardinien-Piemont 152
Maria Josefa, Prinzessin v. Bayern und Böhmen 112
Maria Josefa, Erzherzogin v. Österreich 144
Maria Karolina, Königin v. Neapel 17, 20, 114, 119, 141, 143–152
Maria Klementina, Erzherzogin v. Österreich 17, 58, 150 f.
Maria Ludovika v. Modena-Este, Kaiserin v. Österreich 32, 34, 36 f., 55, 105, 122, 132
Maria Ludovika, spanische Infantin 150
Maria Luisa v. Neapel-Sizilien, Großherzogin der Toskana 56, 58, 151
Maria Luisa v. Spanien, Königin v. Etrurien 59
Maria Magdalena, Erzherzogin v. Österreich, Tochter Karls II. v. Innerösterreich 48–51
Maria Manuela v. Portugal, portugiesische Prinzessin 14
Maria Theresia, Erzherzogin v. Österreich und Königin v. Ungarn und Böhmen 13, 17–20, 28, 31 f., 43, 54, 58 f., 104 f., 109, 110–117, 119, 127, 129, 131, 141, 143–145, 147
Maria v. Burgund, Herzogin v. Burgund 14, 17, 43, 68
Marie Antoinette, Königin v. Frankreich 105, 119 f., 130, 134, 144 f., 147
Marie-Christine, Erzherzogin v. Österreich 110 f.
Marie Louise v. Österreich, Kaiserin v. Frankreich 35, 37
Marie-Louise Elisabeth v. Frankreich, Prinzessin v. Frankreich 108
Martell, Karl 13, 94
Martinovich, Johann v. 89
Mastrilli, Marzio, Herzog v. Gallo 147
Matthias, röm.-dt. Kaiser 16
Maximilian, Erzherzog v. Österreich, Hochmeister des Deutschen Ordens 36
Maximilian I., Erzherzog v. Österreich, Kaiser v. Mexiko 73, 161
Maximilian I., röm.-dt. Kaiser 14, 68, 105, 166
Maximilian II., röm.-dt. Kaiser 16, 46
Mazzini, Giuseppe 23
Medici, Alessandro de' 43 f.
Medici, Anna de' 44, 53 f.
Medici, Claudia de' 50, 52, 54
Medici, Francesco de', Herzog der Toskana, Sohn Cosimos I. 46, 48
Medici, Francesco I. de', Großherzog der Toskana 17, 45
Medici, Giancarlo de', Kardinal 50
Medici, Gian Gastone de' 39, 54
Medici, Katharina de' 16, 42, 48
Medici, Leopoldo de', Kardinal 50
Medici, Lorenzo II. de' 42 f.
Medici, Lorenzino de' 42–44
Medici, Lucrezia de' 44, 125 f.
Medici, Luigi de' 147
Medici, Matteo de' 50
Mehmed IV., Sultan des Osmanischen Reiches 12, 16
Meinhard II., Graf v. Tirol 153
Meinhard III., Graf v. Tirol 164
Metternich, Clemens W. L. v. 23–25, 28 f., 35, 119–121, 133 f., 151
Montenuovo, Alfred v., Fürst 122
Margarete, Markgräfin v. Montferrat 76
Maria v. Montferrat, Königin v. Jerusalem 76
Montgelas, Maximilian v., Graf 166
Mozart, Wolfgang Amadeus 129 f.
Murat, Joachim, König v. Neapel 58, 149, 152

Napoleon I., Kaiser der Franzosen 13, 29, 25 f., 28 f., 31 f., 34–38, 41, 58–60, 62, 69, 83, 86, 97, 107, 112, 118–123, 130, 132 f., 135, 147–149, 152, 158, 165 f., 168
Napoleon II., Herzog v. Reichstadt 121

Nelson, Horatio, 1. Viscount Nelson 148 f.
Neipperg, Adam Albert v., Graf 122
Nikolaus III., Papst 95

Orsini, Gerolama 100
Orsini-Rosenberg, Franz v., Graf 116

Paganini, Niccolò 59
Paul III. (Alessandro Farnese), Papst 97 f.
„Peppone“ (Giuseppe Bottazzi, Romanfigur) 97
Peschke, N. N. 70
Peter I. (der Große), Zar v. Russland 55
Peter III., König v. Aragon 141
Philipp, Herzog v. Bourbon-Parma 104, 108
Philipp I. v. Habsburg (der Schöne), König v. Spanien 14, 17, 43
Philipp II., König v. Spanien 14, 16 f., 77, 100 f., 104
Philipp V., König v. Spanien 104
Pietro II. Orseolo, Doge v. Venedig 83
Pippin III. (der Kurze), König der Franken 13, 94
Pius II. (Enea Silvio Piccolomini), Papst 125
Pius VIII., Papst 58
Placidia, Aelia Galla, weströmische Kaiserin 93
Pompadour, Madame de (Jeanne-Antoinette Poisson) 103, 105, 115

Radetzky, Johann, Joseph Wenzel, Graf 66 f., 73, 81, 90, 138
Raffael (Raffaello Santi) 93
Rainer, Erzherzog v. Österreich 34, 69 f., 88
Redlich, Josef 169
Ressel, Josef 160
Richelieu, Armand Jean du Plessis de, Kardinal 48, 77 f.
Robert I., Herzog v. Parma 107
Robespierre, Maximilian de 107
Roosevelt, Theodore 169 f.
Rosselli, Matteo 50
Rudolf I., röm.-dt. König 96, 153, 163 f.
Rudolf II., röm.-dt. Kaiser 16
Rudolf IV. (der Stifter), Herzog v. Österreich und Steiermark 67, 157, 163
Ruffo, Fabrizio, Kardinal 148
Ruskin, John 91

Salandra, Antonio 171
Schiller, Friedrich 101
Schinkel, Karl Friedrich 133
Schubert, Franz 133
Schumann, Robert 133
Schwind, Moritz v. 133
Sforza, Anna 125
Sforza, Bianca 68
Sforza, Francesco 64 f.
Sforza, Galeazzo Maria 68
Sigmund, Erzherzog v. Österreich 70
Sixtus, Prinz v. Bourbon-Parma 107
Sonnino, Sidney 171 f.
Spitzweg, Karl 133
Stifter, Adalbert 133
Stuart, Charles Edward, Prinz 137
Stuart, Henry Benedikt, Kurienkardinal 137
Süleyman I. (der Prächtige), Sultan des Osmanischen Reiches 31

Talleyrand-Périgord, Charles-Maurice de, Herzog 25 f.
Tamussino, Ursula 26, 110
Tanucci, Bernardo 147
Tasso, Torquato 126
Tegetthoff, Wilhelm v. 92
Terrail, Pierre du, Chevalier de Bayard 126
Theoderich, König der Ostgoten 93
Thonet, Michael 133
Tiberius, röm. Kaiser 94
Tillot, Guillaume du 115–117
Tötschinger, Gerhard 7 f., 88
Trajan, röm. Kaiser 123

Verdi, Giuseppe 123
Viktor Emanuel I., König v. Sardinien 135, 137
Viktor Emanuel II., König v. Sardinien 23, 92, 169

Vincenzo I. Gonzaga, Herzog v. Mantua 48, 80
Visconti, Bernabò 68
Visconti, Bianca Maria 64
Visconti, Filippo Maria 65
Visconti, Galeazzo Gian 65
Visconti, Viridis 67, 141
Vitzthum v. Eckstädt, Karl Friedrich, Graf 65, 73

Waldmüller, Ferdinand Georg 133
Welser, Philippine 76, 165
Wenzel v. Luxemburg, röm.-dt. König 65
Wilhelm I., Fürst v. Oranien 101 f.
Wilhelm II., König v. Sizilien 140
Wilhelm I., deutscher Kaiser 91
Wilhelm II., deutscher Kaiser 169
Wilhelm v. Habsburg, Herzog v. Österreich 141

Ziani, Sebastiano, Doge v. Venedig 85
Zita v. Bourbon-Parma, Kaiserin v. Österreich 29, 107 f.

Aus unserem Programm

ISBN 978-3-902475-56-5

ISBN 978-3-902475-87-9

ISBN 978-3-902475-35-0

ISBN 978-3-902475-99-2

ARES VERLAG